14歳の世渡り術
WORLDLY WISDOM FOR 14 YEARS OLD

聞く力、話す力

インタビュー術入門

松原耕二

河出書房新社

聞く力、話す力——インタビュー術入門　もくじ

第2章

インタビューの準備をしよう

第3章

インタビューをしてみる　95

第4章

話をもう一歩、展開させるために 139

第5章

さらに話を深めるために 169

はじめに

ぼくはテレビ報道の世界で三十年以上、たくさんの人に話を聞いてきました。記者として、あるいはニュース番組のキャスターとしてインタビューした人は、数えきれません。千人はゆうに超《こ》えていると思います。政治家や経営者、スポーツ選手に芸術家など、ありとあらゆる職業の人たち、また事件、事故、災害の被害者《ひがいしゃ》やその家族、さらには市井《しせい》に生きるふつうの人々、日本だけでなく、イランのアフマディネジャド大統領やキューバのフィデル・カストロ議長など海外の人たちにもインタビューしてきました。

それでも飽《あ》きるどころか、人の話を聞くことはますます面白くなってきています。

そして同時に、その奥深《おくぶか》さを実感しています。

インタビューを終えるたび、あそこでああ聞けばよかった、こう聞けばよかった、そうすればもっといい答えが引きだせたかもしれないと、悔《く》やんでばかり。それはこの仕事を始めたころと変わりません。それでも相手から、ひとつでも心からの言葉を聞けたときの喜びは、ほかの何にも代えられないほどです。

子どものころ、ぼくは転校生でした。

父が銀行員だったため、引《ひ》っ越《こ》しは我が家の恒例《こうれい》行事、小学校だけで山口県、広島県、福岡県《ふくおかけん》の三つの学校に通いました。

いまも忘れられないのは、転校生として初めて教室に入る瞬間《しゅんかん》のことです。

新しい日々が始まるというワクワクする気持ち。

自分は受けいれてもらえないいんじゃないかという不安。

みんなとうまくコミュニケーションがとれるだろうか。

仲間はずれにされたらどうしよう。

顔がほてり、胸がドキドキしてきます。それでも逃《に》げだすわけにはいきません。先生にうながされ、深呼吸して、教室に足を踏《ふ》み入れます。

その期待と不安が入り混じったそのときの気持ちを、いまも覚えています。

そしてあるとき、似た感情に襲《おそ》われることに気づきました。

インタビューにのぞむ前です。

素晴らしい言葉を聞けるかもしれないという期待の一方で、まるでかみあわないかもしれない、自分は受けいれてもらえないかもしれないという不安にかられます。相手が心を開いてくれなければ、深い話を聞くことなどできないからです。

インタビューの前はいまも緊張《きんちょう》します。初めて教室に足を踏み入れたときのように、深呼吸をしてから未知の世界に入っていくのです。

しかもぼくは人前で話すのが苦手でした。自分が話していると、みんな退屈《たいくつ》しているに違《ちが》いないと思ってしまうのです。でも、いや、だからなのか、子どものころから人の話を聞くのは大好きです。自分が話していると落ち着かないのに、人の話を聞いていると楽しいのです。

だからもしあなたが人前で話をするのを苦手だと思っていても、それほど心配しなくてもいいと、ぼくは思います。

話すのが得意でなかったら、まず人の話をじっくり聞けばいい。そしたらあなたの心のなかに何かが生まれるはずです。

あるいは勇気をだして、相手に問いをぶつけてみるのもいいと思います。それに対して答えが返ってくれれば、あなたの心にまた何かが生まれ、次の問いになる。気がつくとじっくり話しこんでいる、ということになるかもしれません。

インタビューというと、なんだか堅苦《かたくる》しくなってしまいますが、「聞くこと」と「話すこと」は、日常の生活で、子どもも大人も、世界中の人々があたりまえのように繰《く》り返している行為《こうい》です。

しかも「聞くこと」と「話すこと」を分けて考える必要もないのかもしれない。じっくり聞けば、相手は話をしてくれる。それに対してあいづちを打ったり、さらに質問をしたりしてみる。そうしているうち、気がついたら会話が弾《はず》んでいるのです。そう考えると、話がうまい人というのは、ちゃんと人の話を聞ける人、と言うこともできるかもしれません。

この本ではインタビューというものを通して、聞くこと、話すことについて、みなさんと一緒《いっしょ》に考えてみたいと思います。そしてそのことが、みなさんの日々の生活で、友だちや先輩《せんぱい》、後輩とのコミュニケーションを少しでも円滑《えんかつ》にするためのヒントになれば、と思います。

さあ、始めましょう。

第1章

問いってなんだろう

WORLDLY WISDOM
FOR 14 YEARS OLD

聞くことと、話すこと

「何をどう話すか」ということについては、嫌《いや》でも考えさせられることがあります。クラス替《が》えがあって新しい仲間たちが集まれば、さあ、ひとりひとり自己紹介《しょうかい》しなさいと先生に言われることもあるでしょう。あるいは夏休みの研究発表をしなければならない場面もあるかもしれません。

何か買ってもらいたいものをお父さんにせがむときも、必死で考えると思います。酔《よ》っ払《ぱら》ってご機嫌《きげん》のときを狙《ねら》いすますのがいいとか、話すタイミングまで計算するかもしれません。

それは大人になっても同じです。たとえばお得意さんのもとに向かいながら、どんな話をしようかと思案することもあるでしょう。できれば相手と打ち解けられて、しかも新しい仕事をもらえるような会話を交わしたい。だとすれば、どんな話をすればいいのか、どんな情報を伝えるべきなのか。そうしたことに頭を悩《なや》ます機会は、多くの人にあるはずです。

こんなふうに「どう話すか」については日々考えることを迫《せま》られるはずです。

でも「どう聞くか」ということについて、思いを馳《は》せることはなかなかないように思います。

聞くという行為《こうい》は、受け身であり、「一回休み」みたいな感じがしますよね。話すのは緊張《きんちょう》するけど、聞くのは楽だよ、という人もいるでしょう。確かにそれもよくわかります。

でも「どう聞くか」ということも、「どう話すか」と同じくらい大切なのではないでしょうか。

自分はどうしてあんなにしゃべってしまったんだと思うときには、たいてい聞いてくれる人の存在があります。

ぼくの場合、どーんと大きく構えている、懐《ふところ》の深そうな人には、つい話してしまっているようです。どうせこの人はわかってくれないと思う人に、人は話をしないものです。

非難がましい目で見つめる人、反撃《はんげき》しようと身構えている人にも、口がもごもごしてちゃんと話す気など起きないでしょう。

イソップ物語の「北風と太陽」のように、ぽかぽかとした太陽に照りつけられたら、人はついコートを脱《ぬ》ぎたくなってしまうのではないでしょうか。

とにかく無心になって聞く。こっちが裸《はだか》んぼになって聞けば、相手も脱ぎやすくなるでしょう。

赤ちゃんは外の世界にじっと耳をすませています。お母さんのささやき、家族の会話、テレビから聞こえてくるいろいろな人たちの声、窓から入ってくる風のそよぎ、雨が屋根をうつ音。そんなあれこれをせっせと吸収して、ある日、突然《とつぜん》しゃべり始めます。

聞くことからすべては始まるのです。

それは大人になってからも同じです。聞くことはどんどん吸収すること。そしてちゃんと聞く人には、相手も心を開く。話すことと、聞くことは、コインの裏表のような関係なのです。

話す人は多いけど、聞く人は少ない

聞くことと、話すことは、切っても切り離《はな》せない関係だと話しました。でも周囲を見回しても、話す人にくらべて、聞く人は少ないように思います。

一億総コメンテーターの時代とも言われるように、テレビをつけても、いろいろな人がいろいろなことを話しています。自分がよく知っていることから、知らないことまで批評します。殺人事件が起きると「許せない犯罪です」と怒《いか》りをあらわにし、政治が混乱すると「政治家の質が落ちましたね」と嘆《なげ》いてみせる。どうしてこの人が、この問題について解説しているんだろう、と思ってしまいますよね。

テレビだけではありません。いまや誰《だれ》でもインターネット上で簡単にブログを開くことができます。そこでは実にさまざまな人が、身の回りの出来事（きょう何を食べたとか、どこに行ったとか）を写真入りで紹介したり、日々のニュースに対する自分の意見を熱心に書きこんだりしています。

ツイッターやフェイスブックを使っている人もいるでしょう。そこでもたくさんの人が、それぞれのやり方で、自分の思いを発信しています。

ときに炎上《えんじょう》と呼ばれる現象も起きます。誰かの意見に対して、多くの人がネットの掲示板《けいじばん》などに集中的に批判的な意見を投稿《とうこう》するのです。名前を明かさなくていいことも手伝って、誹謗《ひぼう》、中傷といった類《たぐい》の書きこみが殺到《さっとう》し、渦中《かちゅう》の人を傷つけてしまうケースも起きています。

なかなか騒《さわ》がしい時代です。

実生活に目をむけても、相手のことなどおかまいなしに自分のことをえんえんと話す人や、自分の意見をまくし立てる人は簡単に見つかります。その傾向《けいこう》は十代、二十代の若者よりも、歳《とし》を重ねた人たちに多いような気がしますが。

あるとき、ふと思いました。

それにくらべて、いまの時代、聞く人は少なくなっているのではないか。

じっくりと、忍耐《にんたい》強く相手の言うことに耳をすませる人となると、その数はもっと減ってきます。

そんなのあたりまえだよ、という声が聞こえてきそうです。たとえばＬＩＮＥのやりとりなら、卓球選手《たっきゅうせんしゅ》のラリーのようにすばやく返事を送れるほうがかっこいいし、日々の生活でも漫才《まんざい》コンビの掛《か》けあいのように面白い言葉をあやつれるほうが人気も出る。それに黙《だま》っていると、つまらない奴《やつ》だと思われるかもしれない。

でも本当にそうでしょうか。

インドの貧しい人々のために生涯《しょうがい》をささげ、ノーベル平和賞を受賞したマザー・テレサという女性は、こんな言葉を残しています。

「愛の反対は憎《にく》しみではない。無関心です」

あなたのクラスで、無視されている人はいませんか。相手を痛めつけるために、徹底《てってい》的《てき》に無視する。ぼくの子どものころにもありました。無視されると、本当につらいものです。

相手に関心があれば、その人の言葉に耳を傾《かたむ》けますよね。

人の話を聞くということは、相手に興味があるということ。

もっといえば、相手に対して「敬意」を持っているということだと思います。

あなたも無視されるより、自分の話にじっくり耳を傾けてもらえるほうが、ずっと心が穏《おだ》やかでいられるはずです。

聞くことは、相手に興味があること、そして相手を敬うことでもあるのです。

聞くことは、賢《かしこ》くなること

聞くことについて、もう少し考えてみましょう。

まず聞くという行為をするのはどこでしょうか。身体《からだ》の器官でいえば、耳です。その耳がつく漢字を思い浮《う》かべてみます。

たとえば「聖」があります。辞書を引くと、「最もすぐれた知恵《ちえ》と道徳とをそなえた人」(『漢辞海』三省堂)という意味だと書かれています。日常生活で目にするとしたら、「聖人」とか「聖域」といった言葉でしょう。

それでは、どうして「聖」という文字がそうした意味を持つようになったのか。

分解すると、「耳」と「口」と「王」に分かれます。王はここでは王様の王ではなく、

「通る」といった意味なのだそうです。

つまり聖は「耳の口が開いて（通じて）いる」という意味で、そうした人は「ふつうの人には聞こえない神の声が聞こえる」と考えられたのです。そして神の声をも聞くことができる人は「最もすぐれた知恵と道徳をかねそなえた人」として共同体のなかで尊敬されたのでしょう。

もうひとつ、よく似た漢字として、「聡明《そうめい》」の「聡」があります。これは「耳がよくきこえる、耳の力が鋭敏」（『字源』角川書店）という意味から、ひいては「ものわかりがいい、かしこい」といった意味で使われます。

このふたつの漢字を見るだけで、昔の人たちが「聞く」ことをとても大事だと考えていたことがわかります。

ふだん、ぼくたちは「聞く」という言葉を、いろいろな意味で使っています。

たとえば、人の話や風の音を聞いたり、聞こえたり。

「問う。尋《たず》ねる」という意味でもよく使っています。目的地にどう行っていいのかわからないとき、ぼくたちは通りかかった人に、道を聞いたりしますよね。

そう、実はその「問う」ということが、とても大事なのです。次はそのことについて考えてみましょう。

答えは過去、問いは未来

学校で勉強ができると言われるのはどんな生徒でしょうか。

たぶん先生の質問にちゃんと答えられたり、試験でいい点数をとったりする生徒だと思います。

それでは試験でいい点数をとる、ということは何を意味するのでしょう。

たとえば、国語の試験でこんな質問が出たとします。

「文章を読んで、作者が言いたかったことを、二百字以内でまとめなさい」

文章はある作家のもの。生徒はそれを限られた時間のなかで読んで、作者の意図を手際よくまとめなければなりません。

それはそれでなかなか大変な作業ですが、その場合の正解とは何でしょうか。ときに作家がエッセイなどに書いています。自分の文章を問題に使われたけど、その答えとされているものは自分の言いたかったことじゃない、と。模範《もはん》解答を見て、自分はそんなことが言いたかったのだろうかと、考えこんでしまった作家もいます。

つまりこういうことです。

試験の正解とは、「出題者が正解だと思っている」答えのことであって、本当に正しい答えとは限らないということです。

勉強ができる人というのも、先生が想定する答えにすばやくたどりつける、期待されている答えを答案用紙に書ける能力を持っている生徒と言ってもいいでしょう。

もちろん基礎《きそ》知識も大事だし、世の中で正解と考えられている、常識のようなものを知っておくことも生きていくうえでは必要です。

ですが、もし学校の成績がよくないとしても、それほど悲観することはありません。それより大事なのは疑問を持つこと、「問いを発する」ことだと、ぼくは思います。

アイザック・ニュートンは「リンゴが木から落ちる」のを見て、万有引力《ばんゆういんりょく》を発見したとされています。ほとんどの人は、リンゴが木から落ちても、そんなのあたりまえだと思い、やりすごしたでしょう。でもニュートンは、リンゴが木から落ちるという身近な出来事から、「地上でも、宇宙空間でも、質量を持つすべての物体はたがいに引きあう力を及《およ》ぼしあっている」という着想を得たのです。

伝説めいているこの話が教えてくれるのは、問いを立てることは「未来の窓を開くこと」につながるということです。「なぜリンゴは木から落ちるのか」という問いがニュートンの心のなかに生まれたからこそ、まだ見ぬ真理の発見につながったのです。

学校の試験で正解とされていることを書けば、点数もいいし、ほめられるでしょう。もちろん先人たちが発見してきた真理や法則を学ぶことはとても大切です。ぼくたちの生活はすべてそうした人々の汗《あせ》と努力のうえに成り立っていると言ってもいいほどです。

でも覚えなければならない知識の海でおぼれてしまうくらいなら（実際、ぼくは高校に入ったとたん、好きな課目以外、まるで授業についていけなくなりました）、自分の興味のある分野で、問いを立て、深くそのことについて考えてみる習慣をつけたほうがいいように思います。

大人たちを見てください。偉《えら》そうに言ったって、彼《かれ》らとて先のことなどわからない。これが正解だ、などと簡単に言えない時代に入っているのです。

ぼくの少ない経験からいえば、学校で正解とされる答えを答案用紙に書ける能力があった人ほど、社会に出ても同じ成功体験を求め続けようとするものです。ですが、過去の分野に属する答えを手際よくさばくことができる能力と、経験したことのない出来事に対して自分の頭で考え、新しい知恵を生みだす能力はまるで違《ちが》うのです。

正しい答えをだすよりも、正しい問いを発すること。そのことのほうがずっと大切だと、ぼくは思います。

問いを立てることの大切さ

問いを立てることの大切さを示す、ひとつの例を紹介しましょう。

アメリカにピーター・ジェニングスという名前のジャーナリストがいました。彼はひとつの問いを発したことで、その後の人生が大きく変わってしまいます。

二〇〇一年のこと。

九・一一同時多発テロがニューヨークで起きたとき、彼はアメリカの三大ネットワークのひとつＡＢＣテレビのキャスターとして、十五時間連続でそのニュースを伝え続けました。

乗っ取られた飛行機が高層ビルに突《つ》っこみ、ビルが崩《くず》れ落ちる。まさにその瞬間《しゅんかん》をリアルタイムで放送し続けたのです。

空港が開くのを待って、ぼくもニューヨークに飛んだのですが、倒壊《とうかい》したビルのすさまじさもさることながら、驚《おどろ》かされたのはアメリカメディアの熱狂《ねっきょう》でした。テレビをつけると「アメリカは団結する」、「立ち上がるアメリカ」という勇ましい文字が並び、ひとりのキャスターにいたっては、「私は大統領の命令ならどこにでも行く」と興奮して口走ってしまうほどでした。

もちろん何千人もの命が奪《うば》われたショックは、すさまじいものだったはずです。日本人であるぼくが見ても、呆然《ぼうぜん》と立ち尽《つ》くしてしまうほどだったのですから。

それでもアメリカのメディアの報道は、明らかに冷静さを失っていました。そんななかでジェニングス氏は、ふだん通りの報道につとめます。テロ直後の大統領の行動を批判するともとれるコメントを発したかと思うと、その二日後、ひとつの問いを発します。

スタジオに招いたゲストに、こう尋ねたのです。

「なぜアメリカはこれほど憎まれるのでしょう？」

ジャーナリストとして、しごくまっとうに見えるこの問いも、当時のアメリカでは強い拒絶《きょぜつ》反応を引き起こしました。悪いのはテロを起こしたイスラム過激派のメンバーであって、アメリカではない。それなのにジェニングス氏はどうしてアメリカにも責任があると思っているのか。彼の問いはそうした反応を生みだしたに違いありません。若いころ中東支局に六年いたこと、彼がアメリカ人ではなくカナダ人だったことも批判に拍車《はくしゃ》をかけました。

ジェニングス氏を糾弾《きゅうだん》するサイトが立ち上がり、テレビ局に届いた抗議《こうぎ》のメールや手紙は一万通を超《こ》えたといいます。チャーミングな笑顔と冷静な報道ぶりで信頼《しんらい》を勝ち得ていた彼が、一転してひどいバッシングを受ける側に回ってしまいました。

視聴率《しちょうりつ》も下がり始めます。愛国的な報道をするテレビ局が視聴率を伸《の》ばすなかで、ジェニングス氏のニュース番組の数字はじりじりと下がっていったのです。

それでも彼はその姿勢を変えようとはしませんでした。二〇〇三年に始まったイラク戦争でも抑制的《よくせいてき》な報道につとめ、保守系のメディア監視《かんし》機関から「ジェニングス氏はいつも反戦的だ」と批判されます。

社会の風圧を受け、すさまじいストレスだったのでしょう。彼はやめていたタバコを二十年ぶりに吸い始めます。そしてイラク戦争が泥沼《どろぬま》化していくなか、肺ガンで番組を降板し、その四か月後に息をひきとりました。

いまとなっては、イラク戦争は間違った戦争だったということに異議を申し立てる人は、ほとんどいないでしょう。大量破壊《はかい》兵器をイラクが持っていること、それが戦争の大義とされたにもかかわらず、結局見つからなかったのですから。

「なぜアメリカはこれほど憎まれるのでしょう?」

もしあのときアメリカ社会に、彼のこの問いを冷静に受けとめる余裕《よゆう》があれば、イラク戦争という必要のない戦争をすることもなかったでしょう。亡くなった多くの犠牲者《ぎせいしゃ》は、失われずにすんだ命でした。

社会がひとつの方向に流れてしまう危険性。それを食い止めるためにも、勇気を持って問いを立てることはとても重要なのです。

印象に残っているジェニングス氏の言葉があります。

「中東に長く住んで学んだことは、すべての人にとって絶対的な真実はないということです。だからコインを見るときには、いつも本能的にもう一方も見たくなるのです」

ふだんの会話はインタビューの第一歩

人に質問をされるのも嫌だし、するのも嫌。だってふだんの生活で、疑問形で聞かれるのは怒《おこ》られてるときばかりだから。

そう言いたい人もいると思います。

「どうして宿題をしてこなかったんだ?」

「なぜちゃんと掃除《そうじ》をしない?」

「塾《じゅく》をさぼったのはなぜ？」

「あれだけ言ったのに、どうして夜更《よふ》かしばかりするの？」

先生やお母さんに叱《しか》られるときは、確かに疑問形が多いですね。「なぜ」とか「どうして」という言葉を聞いただけで、反射的に身をすくめてしまう人もいるでしょう。

同級生との会話でもそうです。

「どうしてゲームばかりしてるの？」と聞かれたら、その質問にはいつもゲームばかりしてていいの？といった非難がましいニュアンスがこめられていると感じるかもしれません。

逆に「なぜゲームをしないの？」と聞かれたら、今度は、ゲームの面白さをわからない奴だと、呆《あき》れられていると思ってしまうかもしれません。

大人になっても、疑問形への警戒心《けいかいしん》は変わりません。会社で上司に言われる文句の多くは、疑問形で始まるからです。

「おい、なぜお前の営業成績はどうしてこんなに低いんだ？」

「どうして取引を打ち切られる前に、手を打たなかったんだ？」

「勝手にやらずに、どうして俺《おれ》に相談しない？」

「だいたいやる気はあるのか？」

そんな経験を繰《く》り返していると、質問されるだけでなく、するのも嫌だなあと思ってしまうのではないでしょうか。人に質問することは、相手を傷つけることにつながりかねないからです。

ぼくも失敗したなあ、と思ったことが何度もあります。

あるとき、会社をやめて自由に過ごしている（ように見えた）人に、何気なく「毎日、何してるの」と聞きました。自分としては束縛《そくばく》されずうらやましいという気持ちから発した問いでした。

でも相手は嫌な気持ちになったと、あとで話してくれました。毎日、どうせ何もせずにぶらぶらしているんだろうと心のどこかで思っているから、そんな質問をするに違いないと考えたというのです。予想してもみなかった反応でした。

もし同じ質問を、バリバリ仕事をして、充実《じゅうじつ》した日々を送っている人にしたとしましょう。

「毎日、何してるの？」

よくぞ、聞いてくれた、いまこんな仕事を手がけているんだ、と相手は喜んでしゃべり始めるかもしれません。

同じ質問でも、相手の状況《じょうきょう》によっては、まったく違う意味合いで伝わってしまうこともあるのです。

もうひとつ、こんなこともありました。

子どものころ、ぼくの父親はほとんど毎晩、酔っ払って帰ってきました。

「お父さんは、どうして毎晩、遅《おそ》いの？」

父の表情はみるみる不愉快《ふゆかい》そうになりました。

もしこう聞いていたら、どうだったでしょう。

「お父さんは、どうして毎晩遅くまで働いているの？」

父からしたら、酒のつきあいも仕事のうちだと思っていたかもしれません。だから「どうして遅いの？」ではなく、「どうして遅くまで働いているの？」と聞けば、少なくとも不愉快な気持ちにはならなかったのではないかと思います。

このように、聞き方ひとつで、相手はさまざまな感情に襲《おそ》われるものです。最初から脅《おど》してどうする、そんなこと聞かされたら、人に質問できなくなるじゃないかと言われるかもしれません。

しかし心構えとして、質問する恐《こわ》さを知っておくことは、インタビューの準備を始めるのに決してマイナスにならないと思います。だって気づかないうちに相手の気分を害しては、本当に聞きたいことも聞けなくなりますから。

インタビューという形式はいつから始まったのか

いまの時代、テレビや雑誌、ネット上でも、インタビューを目にしない日はないくらいです。誰かが誰かに話を聞く、日常生活でもあたりまえに行われているはずの行為が、わざわざインタビューと名づけられ、定着したのはどうしてなのでしょう。

それを考える前に、今度はインタビューと、ふだんの生活で誰かが誰かに話を聞くこととの違いを考えてみましょう。

もしあなたが学校で先生に聞きたいことがあって職員室を訪ねたとします。そこで質問をして、先生が答える。周りの先生も見ているかもしれませんが、あなたと先生の会話はふたりのあいだだけのものです。今のやりとりはふたりだけの秘密にしておこう、ということだってあるでしょう。

ですが、インタビューはそういうわけにはいきません。あなたがインタビューを申しこまれ、それに応じて答えたとすると、話した内容は公表されるのです。ふたりだけの秘密だよ、というわけにはいきません。

つまりインタビューは「公表」を前提とした、やりとりなのです。

インタビューを受ける人は、話したことが公になることをわかって話している。聞き手がひとりだったとしても、その後ろに控《ひか》えるもっと多くの人に伝わることを意識して話し手はしゃべることになります。

公表する場所は、たとえば学級新聞、地域のミニコミ誌、会社や役所の広報誌から、新聞、雑誌、テレビ、ラジオ、ネットに至るまで、実にさまざま。大勢の人にむけて発信しようが、身近な仲間たちにむけて紹介しようが、その規模は関係ありません。とにかく公表されることを前提に、聞き手は質問し、相手も答える、それがインタビューと呼ばれるものです。

そう考えると、インタビューには新聞、テレビ、ラジオなど伝達手段であるメディアの存在が必要不可欠であることがわかります。実際、インタビューというスタイルが生まれたのは十九世紀、新聞が大衆化して多くの人に読まれるようになった、まさにその時代です。アメリカの新聞で一八五〇年前後に発表されたものが、その起源だとされています。

当初はもっぱら、記者が有名人に話を聞く内容が多かったようです。たとえば政治家、作家、思想家や画家たちです。そのころは、いまのようにテレビもない時代、ふだんの生活で有名人に触《ふ》れる機会などありませんでした。ですから新聞にのるインタビュー記事は、多くの人にまるで自分が著名人と話しているような気持ちを抱《いだ》かせたようです。

ですが当時、インタビューされる側もまだ慣れていませんから、ぶしつけな質問をされて怒りだす人、インタビューを底の浅いいかさまだと考える人、さらにはインタビューを受けると魂《たましい》を抜《ぬ》かれてしまうという理由で断る人までいたといいます。

確かにインタビューは、話す側と聞く側に、一種の緊張関係を生みだします。

公表が前提ですから、話す側にとっては何かおかしなことをしゃべってしまったら、それが紙面にのって、多くの人に読まれてしまう。そう考えると、話し手は警戒して、無難なことしか言わなくなってしまうかもしれません。そう見られたいという自分を演じ、素顔を見せようとしないかもしれません。あるいはいい機会だと、自分の話したいことだけを語り、それをそのまま掲載《けいさい》するよう求める人がいてもおかしくありません。

でもそれでは聞き手も面白くないし、読者や視聴者にとっても退屈《たいくつ》なやりとりになってしまう。とすると、聞き手はなんとかよそいきの服を脱がせて、話し手の本音を聞きたいと思うでしょう。そのために、聞き手は立ち入ったことを聞いてみたり、挑発《ちょうはつ》してみたり、いろいろな質問を投げかけることで鎧《よろい》の下に隠《かく》れている素顔に近づこうとします。

公表を前提とすることで、聞き手と話し手のあいだにさまざまな心理が働き、これまでなかった新しいスタイルが生まれたのです。そしてインタビューの舞台《ぶたい》も、新聞や雑誌に加えて、ラジオ、テレビやネットへと広がり、百五十年以上続いてきたというわけです。

インタビューに「ここだけの話」はあるか

インタビューは「公表」が前提だと話しましたが、それとて一筋縄《ひとすじなわ》ではいかないことを示すひとつのエピソードがあります。

舞台はアメリカのCBSというテレビ局。そこでキャスターをしていたコニー・チャンという女性が、下院議長（日本でいえば衆議院議長）の母親にインタビューしました。そのなかで母親は、息子《むすこ》の家庭での言動をつい話してしまいます。

息子（下院議長）が、そのときの大統領夫人のことを「ビッチ」と呼んでいたことを、口にしてしまったのです。英語の「ビッチ」は日本語に訳すると「メス犬」、女性を蔑《べっ》視《し》するときの下品な言葉です。

ところが放送のあと問題となったのは、下院議長の言動ではありませんでした。

それよりも、キャスターの質問がやり玉にあがったのです。

「私にささやいてください。あなたと私、ここだけの話にしますから」

キャスターはこう尋ね、これに対して母親がつい話してしまいます。

多くの視聴者からは、キャスターは母親をひっかけた、つまり騙《だま》したという批判が寄せられます。

みなさんは、どう思うでしょうか。

テレビのインタビューですから、もちろんカメラは回っています。すべてが録画されている状況のなかで「ここだけの話」なんて、そもそもありえない。しかもインタビューは公表が前提で、相手はそれがわかっていて話したんだ、と考える人もいるでしょう。

いやいや、そんなこと言ったって、下院議長という公職につく人の母親とはいえ、相手はひとりの高齢《こうれい》の女性にすぎない。インタビュアー（インタビューをする人）から「あなたと私だけの話です」と言われれば、カメラが回っていようと、その部分は放送しないのだと信じてしまっても不思議ではない。そんなひっかけるような質問をすることこそ、ルール違反《いはん》だと考える人もいるでしょう。

いや、こんな解釈《かいしゃく》もありえるかもしれません。

母親のなかには、しゃべりたい気持ちと、話してはいけないという思いがせめぎあっていた。そこに「ここだけの話」だからと背中を押《お》されるような言葉を投げかけられ、カメラは回っていることを知りながら、つい話してしまう。誰もが心の奥底《おくそこ》に持っている、話したいという願望が母親に口を開かせてしまったのだ、と。

インタビューは公表を前提にしていると言いました。でもふたりの心理戦のなかで、公表されることを話し手が忘れてしまうことだってあるのです。

こんなこともあります。相手がつい秘密めいたことを口にしてしまったあとで、「ここだけの話にしてほしい」、つまり公表しないよう頼《たの》まれるのです。実際、こうしたケースはないとはいえません。もちろんプライバシーに関することや、話を聞くテーマとは直接関係ないものなどは公表する必要もありませんが、公の利益になるものは、ださないよう頼まれたとしても公表することになるでしょう。

ふだんの会話なら「ここだけの話」はいくらでもあるでしょうが、インタビューの場ではやはりないと思ったほうがいいでしょう。少なくともぼくはインタビューの場でそんなふうに聞いたことはありません。「ここだけの話」として聞いた以上、それが約束

になってしまい、公表できなくなってしまう可能性があるからです

自分の持ち味を生かそう

対談という言葉を聞いたことがあると思います。

それではインタビューと対談との違いは、何だと思いますか。

日々、ネットやテレビ、あるいは雑誌に、誰々と誰々の対談と銘《めい》うった記事があふれています。そこには聞き手と話し手の区別はありません。多くの場合、ふたりの名のある人が立場を分けることなく、それぞれの意見や思いを重ねていきます。

これに対して、インタビューは聞き手と話し手という立場がはっきりしています。聞かれる側がときに「じゃあ、あなたはどう思いますか」と切り返してくることはありますが、基本的には、聞く側と話す側の『攻守《こうしゅ》』が入れ替わることはありません。相手から情報を引きだそうとするインタビュー、あるいは相手が何者なのか、どんな人間なのかを探るインタビュー、目的はいろいろだとしても、あくまで聞き手が話し手から何か

を引きだそうとする行為です。

もちろん何ごとも白と黒とにはっきり分けられないように、対談とインタビューの中間にあるようなやりとりもあります。基本的には聞き手でも、ただ質問をぶつけるだけではなく、答える側と同じように自分の意見を言うことで話を深め、相手からさらなる言葉を引きだそうとする。そうしたスタイルもあるでしょう。

ある人がふたりのインタビュアーを評して言った言葉が印象に残っています。

その人は、ふたりにインタビューされた経験がありました。

ひとりは田原聡一朗《たはらそういちろう》さん。

知っている人も多いと思いますが、田原さんのインタビューの特徴《とくちょう》は、常にインタビュアーのペースでことを進めるところだと思います。決して相手にしゃべりっぱなしにさせない。論点がずれそうになったり、相手が自分の土俵に話を持っていこうとしたりすると、相手の話を止めてでも自分の聞きたいことに話を戻《もど》す。ときに強引《ごういん》とも思える切りこみ方から失礼だと思う人もいれば、その一方で相手を逃《のが》さない痛快さを感じる人もいる、それが彼のスタイルです。

一対一のインタビューだけでなく、大勢を集めて話を聞いていくときも同じです。というより田原さんの本領は大勢の場でのさばきかもしれません。ときに猛獣《もうじゅう》使いと呼ばれるほど、あくまでインタビュアーのペースで議論を交通整理していきます。

もうひとりは、亡くなった筑紫《ちくし》哲也《てつや》さんです。

彼は新聞記者からテレビの世界に移り、日本で有数のキャスターになりました。筑紫さんのインタビューのスタイルは、田原さんとは対照的でした。

相手の話に、まずじっくりと耳を傾けます。そしてころあいを見計らって、自分の考えや別の見方を提示することで、相手に考えさせ、議論を深めていこうというスタイルでした。そこには相手に何かを言わせようという下心よりも、むしろ論を楽しんでいる感じが観《み》ているほうにも伝わってきたものです。

それはインタビューというより、ときに対談に近いものになりました。このため「突っこみが弱い」、「相手に好き勝手話させているだけじゃないか」という批判を受けることもありましたが、その一方で静かで知的な議論だとして歓迎《かんげい》する人もいたのです。

そのふたりにインタビューを受けたことのある人は、それぞれのスタイルをこう評しました。

田原さんはオーケストラで、筑紫さんはジャズのセッションだと。

オーケストラには中心があります。それは指揮者です。ときに独裁者にたとえられるほど、オーケストラ全体を引っ張っていくのです。そのなかでは、演奏者は指揮者の音楽世界をつくっていくのに奉仕《ほうし》するのが役割、と言ってもいいかもしれません。

一方、ジャズのセッションは、中心なるものは存在しません。たとえばあるときはピアニストが前に出て演奏し、次の瞬間にはサックス奏者が主役になる。それぞれが持ち味を発揮しながら、演奏は進んでいく。

そのたとえを聞いて、ふたりの流儀《りゅうぎ》を見事に言いあてていると感心したものです。

田原さんはオーケストラの指揮者、そして筑紫さんはジャズのセッションに参加する演奏家。インタビューといっても多種多様、それぞれのスタイルでやればいいのです。

第2章

インタビューの準備をしよう

WORLDLY WISDOM
FOR 14 YEARS OLD

誰《だれ》に何を聞きたいのかをまず考えよう

さあ、ここからは、人に話を聞くときの具体的な準備を始めてみましょう。

あなたがインタビューをする場面を想像してください。目の前に座っているのは誰でしょうか。その人を自分で選べるとしたら、誰に話を聞いてみたいでしょう。

自分には憧《あこが》れのサッカー選手がいるから、その人に聞いてみたい、という人もいるでしょう。大好きな歌手や俳優、お笑い芸人にぜひ聞いてみたいことがある、という人もいるかもしれないし、将来お金持ちになりたいから若手経営者にどうしたら成功するのか尋《たず》ねてみたい。あるいは国連など世界で活躍《かつやく》している日本人に、どうしたら海外に出られるのか質問してみたい人もいるでしょう。

たとえば中学の文芸部の部員が、著名な作家にインタビューを申しこむケースを考えてみましょう。その部員はまだぼんやりとですが、将来、作家になりたいと思っている。そして掲載《けいさい》するのは、部員たちが年に四回発行している文芸誌。映像ではなく、活字

（文章）としてのインタビューです。

なぜその作家に聞いてみたいのか。

彼女《かのじょ》にとってその理由は簡単でした。一番好きな作家だったのです。

でももし向かいあったら、何を聞けばいいのでしょう。あなたの小説のなかでどれが一番好きとか、どんなところが好きなんです、とか言えることはたくさんあるでしょう。でもそれはあくまで感想です。ファンとして会うならそれでもいいのかもしれませんが、まがりなりにも相手に時間をとってもらって、話を聞きたいという申し出をするのです。自分が聞き手であることを自覚して、何を聞くのかを考えなければなりません。

じゃあ、どう頭のなかを整理すればいいのか。

考えておいたほうがいいのは、時間の制限です。

もし応じてもらえたとしても、一時間くらいでしょうか。もっと長くてもＯＫという人もいるかもしれませんが、もっと短くて三十分なら受けてもいいという人もいるかもしれません。いずれにしても、忙《いそが》しい合間を縫《ぬ》って会ってくれるのです。

限られた時間のなかだからこそ、何を聞くか、テーマを絞《しぼ》っておくことはとても大事です。その作家の生《お》い立ちから、好きだった作家や本、なぜ作家になったのか、そして過去に書いた作品、いま取り組んでいるテーマや将来、書いてみたいものなど、聞いてみたいことは山ほどあるかもしれません。でもたとえば、なぜ作家になったのかというテーマだけでも、深く聞こうと思えば何時間も必要になるでしょう。逆に欲張ってあれもこれも聞こうとすると、どれも中途半端《ちゅうとはんぱ》で表面をなぞったようなインタビューになってしまう恐《おそ》れがあります。

そこで部員は自問自答します。

自分がこの作家に一番聞きたいことは何なのだろう。

何日も考えこむかもしれません。でもその時間が大事なのです。頭と心のなかでずっと転《ころ》がしているうちに、ふっと光が見えてくるものです。

考えたすえ、その部員はこう決めました。

その作家が中学時代、どう過ごしていたかを中心に据《す》えて聞こう。

どんな生活をして、どんな本を読み、どんな文章を書き、のちに作家になるために役立ったものがあるとするとどんなことなのか。中学時代に絞りこむことで、自分が聞く意味も出てくるし、自分が将来作家になるヒントが得られるかもしれない。

そう定めれば部員も頭がすっきりするし、相手にとってもインタビューを受けるかどうかの判断材料が明確になるはずです。

そしてもし相手が応じてくれたらこっちのもの。中学時代の話を入り口にして、ほかのいろいろな話も聞くことができるかもしれません。

最近は学校の課題授業で、社会で働いている人へのインタビューという課題が出ることもあると聞きますし、実際に実現しているケースも少なくないようです。誰かにインタビューしてみたい。そう考えたなら、思いきってトライしてみるのもいいかもしれません。

依頼文《いらいぶん》の書き方

さあ、誰に何を聞きたいかが定まったら、次にインタビューの依頼をします。

どんなふうに申しこめばいいでしょうか。

会いに行って直接、頼《たの》むのがいいと思う人もいるかもしれませんが、それはあまりお勧《すす》めしません。向こうもびっくりしてしまいますし、怪《あや》しい人だと思われたらそれで終わってしまうからです。

まずはなんらかの手段で相手に気持ちを伝えるのです。

電話で申しこんでもかまいませんが、その場合でも話を聞きたい趣旨《しゅし》を文章にして送ってほしいと言われるのがふつうです。最近では個人のホームページを持っていて、申しこみの窓口をそこ一本にしている人も少なくありません。

ですからメールかファックス、あるいは手紙といった方法で依頼文を送ることになるでしょう。

じゃあ、どんな依頼の仕方をすれば、応じてもらえるのか。今度は依頼文の中味を考えてみましょう。

相手の立場になれば、インタビューに応じることで何かメリットがあるか、あるいは意義のようなものが感じられるのか、とにかくなんらかの意味を見いだせなければ、忙しい時間をさいてわざわざ受けようとはしないはずです。

具体的なケースを考えてみます。

たとえば先ほど登場した中学校の文芸部の部員が、好きな作家に申しこむケースです。掲載するのは文芸部の文芸誌、聞きたいのはその作家が中学時代をどう過ごしていたかということです。イメージが湧《わ》くよう、申しこむ部員の名前は山本《やまもと》香織《かおり》さん、申しこむ相手は架空《かくう》の作家、高村加奈子《たかむらかなこ》さんとしてみましょう。

その作家はホームページも開いていないようだし、直接の電話番号も公開していなかったので、部員は本人宛《あて》の手紙を書いて、出版社の担当編集者を通して手《て》渡《わた》してもらうことにしました。

インタビューのお願い

高村加奈子さま

初めてお便りしています。

東京にある○○中学三年生の山本香織と申します。

どういう形で連絡《れんらく》をとっていいのかわからず、いきなりこういう形で手紙を送らせていただいたことを、どうぞお許しください。

なぜ中学生がインタビューの依頼を、と不思議に思っていらっしゃるかもしれません。とても忙しい高村さんに、中学生のインタビューなど受けていただけるだろうかとも考えましたが、思いきってお便りさせていただきました。

私はいま文芸部に所属しています。部員わずか十五人ほどの小さな部ですが、皆《みな》けっこう真面目に小説を読んでいます。毎月、平均すると十冊くらいは読んでいるのではないかと思います。そして放課後に集まっては感想を言いあったり、面白かった作品を紹介《しょうかい》しあったりしています。

文芸部では年に四回、季刊誌を発行しています。季刊誌といっても、手作りの冊子です。同封《どうふう》させていただいたのは、先月だした最新号。目を通していただいただけるとわかりますが、部員が書いた本の感想と小説（高村さんに読んでいただくレベルに達しているかわかりませんが）を掲載しています。

こんなささやかな季刊誌ですが、実はまもなく百号を迎《むか》えます。私たちの文芸部は歴史だけは古くて来年で二十五年、その間、先輩《せんぱい》たちが細々と、でもせっせと季刊誌を作り続けてきました。そう考えると、百号という記念すべき季刊誌を編集する責任のようなものを感じてしまいます。

そこで百号は記念号として何か新しいことをしてみよう、という話になりました。これまでは部員たちが書いたものをのせるだけの場だったのですが、今回は作家として活躍していらっしゃる方の生の声を聞いてみよう、いや聞いてみたいという声が部員たちのあいだからわきあがりました。

名づけて「百号記念インタビュー」。そこにぜひ、高村加奈子さんにご登場していただけないか、というのがこの手紙のお願いです。

高村さんの作品に出会ったのは、私が中学一年生のときでした。仲間はずれやいじめなど、どこの学校でもあるのかもしれませんが、私の学校も例外ではありませんでした。私はできるだけ目立たないよう、静かに過ごしていました。そんなときにひょんなきっかけで高村さんの作品を手に取り、次々と高村さんの別の小説も読んでいきました。

どの小説も、まるで自分のことが書かれているようでした。毎日悩《なや》んでいる自分が、登場人物たちに乗り移ったようなのです。そのとき思いました。高村さんはどうしてこんなに私の気持ちがわかるのだろう。なぜ高村さんは私たちの叫《さけ》びを聞いてくれているのだろう、と。

今回のインタビューでは、高村さん自身がどんな中学時代を送っていたのかを中心にお聞きできないかと考えています。私たちの気持ちをこんなにわかってくれる高村さんがどんな中学生だったのか、同じ中学生としてとても興味がありますし、そのころの経験がその後の作家活動にどう影響《えいきょう》したかをぜひ知りたいと思ったのです。

部員たちにその思いを話したところ、皆すぐに賛成してくれました。彼女たちも登場人物に自分を重ねあわせながら、高村さんの作品を読んでいたのです。ですから高村さんにインタビューさせていただきたいというのは、私ひとりではなく、部員全員に共通する思いです。


お忙しいところ本当に申し訳ないのですが、インタビュー時間として一時間ほどいただけないかと思っています。平日の昼間は授業がありますが、夕方なら大丈夫《だいじょうぶ》ですし、土日なら何時でもかまいません。

場所は東京近郊《きんこう》ならどこにでもうかがいます。どこか指定していただいても、また私たちの学校でももちろんかまいません。

季刊誌の百号は二か月後にだす予定ですので、もし可能ならばこれから一か月くらいのあいだでお話をうかがうことができたら、こんな幸せなことはありません。

もし実現しましたら、季刊誌に掲載させていただくとともに、秋の文化祭でも発表させていただきたいと考えています。私たちが高村さんの作品に救われているように、高村さんの生の声、特に高村さんが語る自らの中学時代は、私たちの仲間にも勇気を与《あた》えるはずです。

長々と書いたことをお許しください。

ぜひご検討いただけないでしょうか。

○○○○年○月○日

山本香織

住所、電話番号、ファックス番号、メールアドレスたとえばこんな具合です。

形式は特にありませんので、あくまでひとつの例として考えてください。もっと丁寧《ていねい》に書こうと思えば書けますが、個人的にはあまり堅苦《かたくる》しくならないほうがいいように思います。形式ばったり、常套句《じょうとうく》が並ぶと素直な気持ちが伝わりにくくなりますから。

大事なのは、相手への敬意を忘れないこと、そして自分の気持ちを真摯《しんし》に書くことです。

そして次の二つの点が最も重要です。

①なぜその人に聞きたいのか。
②具体的に何を聞きたいのか。

さらに、続く三つの点も書いておく必要があります。

③インタビューの内容をどこにのせるのか。
④どのくらいの時間が欲しいのか。
⑤いつまでにインタビューしたいのか。

これらを簡潔に、でもきちんと相手に伝わるように書くことです。

自分の名前の下には、学校か自宅の住所と電話番号を記《しる》しておくことになるでしょうが、それ以外にもファックス番号か、もし持っていればですが、メールアドレスを書いておくといいでしょう。返事をするとき、会ったこともないあなたに手紙を書いたり、電話をかけたりするのは、忙しい相手からしたらかなり面倒《めんどう》です。特に断る場合、わざわざ電話をかけてその理由を言わなければならないとしたら、心理的に大きな負担を負わせることになるでしょう。それにくらべると（あくまで相対的にですが）、ファックスやメールはハードルが低い、つまり電話や手紙よりは相手に負担をかけない方法のような気がします。

先輩のジャーナリストに、依頼文は必ず毛筆で書くという人がいます。しかも和紙の小さな便せんに大きな文字で書く、そうすれば依頼文は二十枚か、三十枚もの量になってしまいます。そうすれば受け取った相手は驚いて、こちらの誠意をくみ取ってくれるものだ。そう先輩は言います。実際、その依頼文のおかげもあってか、先輩は誰の取材にも応じなかった人たちのインタビューに何度も成功しています。

何より、相手がインタビューを受けてみたい、あるいは受ける意義のようなものを感じてくれたら、こっちのものです。もちろん実際に受けてもらえるかどうかは、相手のスケジュールがあうかどうかといった実務的な事情も大きく左右しますから、依頼文だけで決まるわけではありません。

でもまずはこちらの意図が伝わらなければ、何も始まりません。そういう意味でも、依頼文はインタビューの第一歩なのです。

しっかり準備するけど、しすぎない

依頼文をだしたところ、幸運にもインタビューを受けるという答えが返ってきたとします。

次は話を聞く前にどんな準備をするか、について考えてみましょう。

インタビューすることが決まったら、ぼくはまず相手のことをできる限り調べます。その人についての新聞や雑誌の記事、これまで受けたインタビューの内容、あるいはその人が自分で書いたものがあればその文章を集めます。最近であれば、ユーチューブなどネット上にある映像で、その人の肉声も聞いておきます。特に自分が聞きたいことに関連する記事は、重点的に目を通すようにします。

なぜそうした準備が必要なのでしょうか。

何より、限られた時間のなかで、互《たが》いにとって有意義な時間にするためです。

相手からしたら、インタビューを申しこまれて会ってみると、一から教えてくださいでは、ちょっと待ってくれよという気分になるでしょう。ちゃんと最低限の知識を頭に入れて、そのうえで聞いてくれよという気持ちになるのは自然なことです。なかには怒《おこ》りだす人だっています（本当です）。

たとえばあなたがプロのサッカー選手だとして、インタビュアーに「まず、あなたの所属チームとポジションを教えてください」と真顔で聞かれたらどう思うでしょう？「あんた、それも知らないの」と不快な気分になると思いませんか。

もちろん相手への礼儀《れいぎ》というだけではありません。基本的な情報から聞いていては、時間がもったいない。本当に聞きたい大事なことのために、限られた時間を使ったほうがいいのです。

こんな失敗をしたことがあります。

ある芸術家にインタビューしたときのことです。

ずっと話を聞いてみたい相手だったこともあり、インタビューの日程が決まると、入念に準備をしました。活字や映像など手に入るあらゆる資料を集め、時間をかけて目を通しました。

ところがインタビュー当日、質問をぶつけながら、ぼくは自分がワクワクしていないことに気づきました。これほど待ち望んだインタビューなのにどうして、と焦《あせ》ってみたところで、どうにもなりませんでした。なんら心に残る言葉も引きだせず、どこかで見たことのあるような薄《うす》っぺらいインタビューになってしまったのです。

あとでその理由に思いいたりました。

ぼくは相手のことをわかったような気になっていたのです。これまでにないほど事前の準備をしたことで、相手のことをすっかり理解したような気になり（本当はそんなことないのですが）、いつのまにか相手への興味が薄れてしまっていたのだと思います。

それからぼくは、たくさん資料にあたることよりも、資料に目を通しながら相手の置かれた状況《じょうきょう》に思いを馳《は》せたり、自分が相手の立場だったらどう考えるだろうといったことを想像したりするほうが、ずっと大事だと思うようになりました。

そんなプロセスを踏《ふ》んでいくうちに、相手への興味を失うどころか、さらなる興味をかきたてることができる。特に人間に迫《せま》ることが目的のインタビューの場合は、そんな準備のほうが自分にあっているると感じるようになりました。

事前の準備は広く資料にあたることではない。深くあたることなのだと、ぼくは思います。

インタビュープランの立て方

さあ、自分なりに資料を読みこんだり、ネットで検索《けんさく》したりという準備作業を終えたら、実際にインタビューにのぞむためのプランを立ててみましょう。

ぼくの場合、インタビュープランのようなものを立てるのは、前日か、インタビュー当日の朝になります。できるだけ多くの時間を、準備にあてたいからです。というより、自分は何を聞きたいのだろう、相手の何を引きだしたいのだろう、といったことを、頭のなかでぎりぎりまで転がしていたいからです。歩きながら、あるいは電車に乗っているときも、頭のどこかでそのことを考えています。そしてインタビューの前日か当日になって、えいやっと文字にしてみるのです。

たとえば大友良英《おおともよしひで》さんという音楽家に話を聞いたとき、どんなプランを立てたかを紹介しましょう。

大友さんはNHKの朝の連続テレビ小説『あまちゃん』で音楽を担当したのをきっかけに、多くの人に名前が知られるようになりました。ドラマの人気が沸騰《ふっとう》するのと同時に、作曲した音楽も大ヒット。大友さん自身も紅白歌合戦に出場するなど大忙しの日々を送りました。

話を聞きたいと思ったのはそれから半年後、さすがにブームは去っていました。あえて注目が薄れたタイミングで、大友さんが〝あまちゃんブーム〟をどう振《ふ》り返るかを聞いてみようと思ったのです。

資料を読みこんだり、大友さんのこれまでの音楽を聴《き》いたりという準備を重ね、インタビューする日の朝にパソコンに向かいました。

まずは何を聞きたいのか、『聞くポイント』を書きだしました。

①『あまちゃん』ブームをどう振り返るか

②大友良英はなぜ大友良英になったのか
③あまちゃんバンドの新たな挑戦《ちょうせん》
④福島とのかかわり
⑤東京オリンピック
⑥今後の活動について

書きだしてみると、この六つの項目《こうもく》でした。

とはいえ、事前の準備をしているうち、自分のなかでは『大友良英はなぜ大友良英になったのか』が、最も聞いてみたいことになっていきました。インタビューのとっかかりは、「あまちゃんブームをどう振り返るのか」だとしても、大友さんの過去の音楽を聴いていくうち、その幅《はば》の広さに驚かされ、いまの大友さんを形づくったものをどうしても知りたいと思ってしまったのです。

これは資料を読んでわかったことですが、大友さんは正式な音楽教育を受けていません。音大に行くでもなく、好きな音楽を何度も聴いては自分でも試してみることで身に着けていきました。その結果、ノイズ（雑音）と呼ばれる前衛音楽から、ジャズ、映画音楽、あるいは大衆向けの流行歌まで手がけるという、ほかの誰も真似《まね》のできないほどの幅の広さを獲得《かくとく》しました。

それにしても、どうして大友さんはひとつの分野にとどまらず、次々と違《ちが》うジャンルに手を広げていったのだろう。そこには彼《かれ》のなかに鍵《かぎ》になる何かがあるはずだ。そしてそれを解き明かすことが、大友良英という人間は何者かを知るヒントになるに違いない。

そんなふうに思ったのです。

ぼくのなかでの、インタビューの中心はそこに定まりました。

それが決まれば、インタビュープランはできたようなものです。そしてさらに押《お》さえておきたい、いくつかのポイントを書きだしました。

③の『あまちゃんバンドの新たな挑戦』は、あまちゃんのために結成したバンドをいったんは解散しながら、バンド名を変えるだけの同じメンバーで再スタートをきっていた、その理由などを聞く項目です。

④の項目は、大友さんが福島で盆踊《ぼんおど》りを計画していたため、「え、次は盆踊り？（ま

た新しい分野に手を広げるの？）」という興味で聞いてみようと思った質問でした（そのとき、盆踊りは大友さんの幅の広さを示すひとつの材料になる、くらいにしか思っていなかったのですが、あとで実際に話を聞いていくうち、もっと深い意味に気づくことになります）。

そして⑤の東京オリンピック。これは大友さんがオリンピックを文化面でどう盛り上げていくかを話しあう、東京都の部会のメンバーに選ばれたばかりだったため、押さえておかなければならない質問でした。

最後の⑥の今後については、まあ、お決まりの質問といってもいいのですが、これからの将来をどう考えているかを聞くことで、インタビューを締《し》めくくろうと思ったのです。

インタビュープラン～大友良英さんの場合

『聞くポイント』は整理できました。ぼくの場合、どんな質問をするか『具体的な質問』を次に考えます。それぞれのポイントのあとに、思いつくまま質問を書いていくのです。

それでは、インタビュー当日の朝に、ぼくが書いたインタビュープラン（そんな大げさなものではないかもしれませんが）を紹介しましょう。質問は心に浮《う》かぶまま書いていったので日本語も変だったりしますが、あえてそのまま紹介しておこうと思います。

大友良英さんインタビュー

あまちゃんブームを経て

◎あまちゃんの大ヒットで、ものすごく忙しかったと思うんですが、少しは落ち着きましたか？　生活はどう変わったか。あのころを振り返ってどんな日々だったたと思うか。

◎どうでしょう、あまちゃんのヒットで大友さんの人生、変わりましたか？

（変わったことがあるとすると、なんでしょう？）

◎俗《ぞく》っぽい言い方をすると、大友さん大金持ちになったんだろうなあ、と言う人もいるんじゃないですか？

（雑誌のインタビューで大友さん、こう話している。「儲《もう》かると思って物件のチラシを手に入れた。しかし実際に入るお金は思いのほか少なく、音楽業界の厳しさを思い知った」。本当か）

大友良英はなぜ大友良英になったのか

◎あまちゃんのテーマソングを聞くと、不思議な懐《なつ》かしさを感じるんですが、どうしてだと思われますか？

◎あまちゃんのテーマソングには、大友さんの過去の『音楽の記憶《きおく》』が詰《つ》まっているとも言える？

◎クラシック、歌謡曲《かようきょく》、ジャズとか、いろいろなジャンル分けをされるが、もし大友さんの本職はどのジャンルかって訊《き》かれたらどう答えますか？
◎もともと、どんなきっかけで音楽の道に入ったのか？
◎もし音楽教育を受けていたら、いまの大友良英はあったと思いますか？（もしかしたらいまの幅は出なかった？）
◎どうやって音楽を吸収してきたのか？（聞いてきた音楽の幅の広さでは負けない？）
◎その幅の広さが大友さんの幅の広さを生みだしている？
◎もちろん影響を受けた人はたくさんいると思うんですけど、音楽の記憶をたどっていくと、自分を形づくった、影響を受けていた人で思い浮かぶのは？
◎「芸大で学んだことをすべて忘れて」「これまで音楽家として培《つちか》ったキャリアをすべて捨てて」と、バンドのメンバーに冗談《じょうだん》めかしながら言っていたのが印象的だった。これはどんなメッセージを伝えたかった？
◎バンドのメンバーに指示するとき、決して断定的な物言いはしない、それは意識してやってる？　なぜ？

◎ノイズならノイズと、ひとつの分野に狭《せま》く入ってしまう人もいると思うが、大友さんは大衆に受ける曲までつくってしまう。それはどこから来てると思うか？

あまちゃんバンドの新たな挑戦

◎去年、あまちゃんバンドを終えた。メンバーそのままに「大友良英スペシャルビッグバンド」として活動をスタートさせた。なぜ同じメンバーでやっていこうと？

◎若い人も多い。刺激《しげき》を受ける？

◎見ていると、ライブの曲順もぎりぎりで決めている。いつもこのスタイル？

◎一度として同じ演奏はない、というか予定調和ではない。大友さんが演奏で一番大事にしていることは何か？

（まずは自分がワクワクする、面白いと感じること？）
（作曲もする、でもある意味プロデューサーでもある？）

福島へのかかわり

◎なぜ福島で盆踊りを？　そしてなぜ盆踊りなのか？
◎原発事故を経験した福島、いまの現状をどう見ているか？

東京オリンピック

◎東京オリンピック、そのテーマソングなどを考えるメンバーとして参加することになった。どんな思いで引き受けたのか？
◎もしかしたら、大友さんあっちいっちゃうの？と思う人もいるかも？
（ノイズをやっていた、在野にいて体制を批判してきた大友さんが、体制側にと？）

これからの活動は？

◎10年後、何をしていると思うか？
◎こんな境地にたどりつきたいというか、ミュージシャンとしての理想像みたいなものはある？
◎大友さんにとって、音楽とは何か？

これを当日の朝に、書きました。

このケースでは、まず『聞くポイント』をあげてから、それぞれに『具体的な質問』を書いていきました。

でも逆の場合もあります。まず『具体的な質問』を思いつくままどんどん先に書いてみてから、あとで質問を分類分けすることで、『聞くポイント』を絞りこんでいくのです。あれもこれも質問は思いつく、つまり『具体的な質問』は頭に浮かぶけど、要するに何と何を聞けばいいんだ、という『聞くポイント』が整理できていない、そんなときにはそうしたやり方が役に立ちます。

どちらにしても、ぼくにとって大事なのは書くことで頭のなかを整理すること。準備段階で、聞きたいことはだいたい絞りこまれてきているものですが、もう一度それを書くことで、限られた時間のなかで聞くべきポイントや優先順位を頭に、あるいは身体《からだ》に沁《し》み入らせるのです。

そしてもうひとつ、質問を考えることで、インタビューのシミュレーションができるのです。質問を書いてみながら、相手がこう答えたらこう切り返そうとか、こういう聞き方だと相手を非難しているようにとられるかもしれないから、やっぱりこう聞いたほうがいいんじゃないかなどと、頭のなかでイメージトレーニングしていきます。そして質問項目を書き終えるころには、運がよければ手ごたえのようなものをつかんでいるかもしれません。

頭を整理し、インタビューのシミュレーションをする。

そのために『聞くポイント』と『具体的な質問』を書くのであって、書いたもの自体はさほど重要ではありません。なぜなら実際のインタビューでは用意したインタビュープランをほとんど見ないからです。そのあたりは、またあとで話しましょう。

もちろんこれはあくまで、ぼくのやり方です。

忙しくて、こうした準備をする余裕《よゆう》がない場合も少なくありません。でも座りの一対一のインタビュー、しかもしっかりと時間をとってもらっているケースでは、多くの場合、こうしたプランを立ててのぞみます。

ちなみに大友さんのインタビューでは、自分のなかでふたつの大きな発見がありました。

ひとつは、大友さんの音楽の幅の広さの原因には、彼の転校生としての経験があったこと。

子どものころ転校生だったことが、ひとつの場所にいると落ち着かない、違う場所（新しい音楽のジャンル）に行きたくなることにつながっているんだと思う。聞いていくうち、大友さんがそう話し始めたのです。ぼく自身も転校生だったので、その答えが腑《ふ》に落ちたのを覚えています。

もうひとつは、大友さんが福島に複雑な思いを抱《いだ》いていることがわかったことでした。彼は転校生として過ごした福島が、当時はどうしても好きになれませんでした。でも原発事故のあと、その福島のために何か役立ちたいと心から思った、それが福島で盆踊りをするプロジェクトにつながったのだと、大友さんは語りました。盆踊りには、彼の深い思いがこめられていたのです。

それらのことは少なくとも資料からは得られなかった、つまりインタビューして初めてわかったことでした。まさに直接、話を聞く醍醐《だいごみ》味です。

事前にインタビュープランを立てる。それもこうした醍醐味を味わうための準備のひとつなのです。

あえて準備をしないこともある

どんなふうにインタビュープランを作るかを考えてきましたが、あえてこうした準備をしないこともあります。

思いだすのは御巣鷹山《おすたかやま》に登ったときのことです。

日航ジャンボ機墜落《ついらく》事故。

聞いたことはあるけど、ぴんと来ないという人も多いかもしれません。おそらく、これを読んでくれている多くの人が生まれる前に起きた事故だからです。でも五百二十人もの乗客が一度に亡くなったこの事故は、いまも世界の航空史に残る大事故であり続けています。

その現場となったのが、群馬県にある御巣鷹山です。

事故から二十五年目の夏、その山に登りました。一緒《いっしょ》に登ったのは、事故の遺族会をたばねる事務局長である美谷島邦子《みやじまくにこ》さんという女性です。

彼女自身も事故で九歳《さい》になる息子《むすこ》を亡くしています。事故当時、ぼくは取材する側、彼女は取材される側でしたが、その後もつきあいは続いていました。そして二十五年がたったとき、一緒に山に登ろうということになったのです。

それは、ぼくがキャスターをしていたニュース番組の企画《きかく》でもありました。

話を聞きながら山に登り、息子さんの遺体が見つかった場所で改めてじっくり話を聞く。決めていたのはそのことだけでした。

いろいろ考えたすえ、ぼくはあえて準備をしない、インタビュープランも立てないことにしました。直感的に、そうした作業をしないほうがいいような気がしたのです。

事故当時、取材をしていた相手だという安心感もあったとはいえ、それよりも心を真っ白にして、その時々で、浮かんだことを聞いていこう、そのほうが生き生きとしたやりとりになるはずだと思ったのです。

ぼくにとって、御巣鷹の尾根《おね》に登るのは十年以上ぶりでした。そのあいだに、山の表情も大きく変わってしまっているでしょう。その変化のさまを事前に調べておきたい誘《ゆう》惑《わく》にも一瞬《いっしゅん》かられましたが、それもやめました。自分で見たまま感じたままを言葉にするほうがいいと信じたからです。

結果、その登山は、ぼくにとってかけがえのない時間になりました。息子さんが亡くなった場所で、美谷島さんとぼくは、青い空をずっと見上げていました。

素直に周囲を眺《なが》め、相手の言葉に耳を傾《かたむ》ける。中途半端な知識を一夜《いちや》漬《づ》けで呑《の》みこむよりも、真っ白なキャンバスのような気持ちで聞く。あえてインタビューの準備をしないほうが、うまくいくこともあるのです。

どんな場所で聞くかはとても大事

これまでは『誰に何を聞くか』について考えてきました。

あともうひとつ、事前に考えておかなければならない大事なことがあります。

それは、『どこで聞くか』です。

もちろん急いで話を聞きたい場合、贅沢《ぜいたく》は言っていられません。場所はどこでもけっこうです、ということになるでしょう。こちらのわがままで、時間をあけてもらうのですから、相手の都合が優先されるのは当然のことです。

でももう少し時間の余裕がある場合は、どこで聞きたいか、じっくり考えてみる必要があります。

場所がインタビューにとってどれだけ大事かを示す〝三つの例〟を紹介しましょう。

まず、乙武洋匡《おとたけひろただ》さんに話を聞いたときのことです。

生まれつき手足がない先天性四肢《しし》切断という障害のある彼は、大学時代に五百万部を超えるベストセラー『五体不満足』を書きました。そしてその後も、活字やテレビや講演などさまざまな舞台《ぶたい》で活躍しています。その乙武さん、三十代の初めに三年という期限つきで小学校の教師になったのですが、その経験を終えたとき、彼にいまの学校教育について聞いてみようということになりました。

さて、どこで聞こう。

できればそのテーマにふさわしい場所にしたい。ぼくは番組のディレクターと一緒に考えました。

最初に思ったのは、乙武さんが三年間、教師をしていた小学校です。そこならまさに教師をしていた場所ですから、その経験を通して考えたことを聞くにふさわしいと考えたのです。

でも、ちょっと待てよと思いました。

その学校でのインタビューとなると、もしかしたら乙武さんは話しにくいかもしれない。三年間働いたなら、仲間もできただろうし、世話になった先輩もいるだろう。もし教育のあり方に疑問を持ったとしても、その場では気を遣《つか》って口にだしにくいのではないか。

結局、ぼくたちが選んだのは、乙武さんが子どものころ通った小学校でした。それなら遠慮《えんりょ》はいらないし、乙武さんも自分の子ども時代のことも重ねあわせながら話せる。テーマである学校教育にもふさわしい場所だと考えたからです。

乙武さんの了解《りょうかい》をとり、学校の許可をもらって、教室でインタビューしました。ぼくも乙武さんも、子どもたちが実際に使っている小さな椅子《いす》に座ります。彼は個性をもっと認める教育を子どもたちに受けさせてあげたいという思いを、言葉を選びながらゆっくりと語ってくれました。そして教え子と一緒に過ごした思い出を話したときには、乙武さんの瞳《ひとみ》に光るものがありました。

こんなこともありました。

山室恵《やまむろめぐみ》さんという東京地方裁判所の元裁判長にインタビューしたときのことです。

山室さんは大きな事件を数多く担当しましたが、なかでも知られているのがオウム真理教による地下鉄サリン事件の実行犯のひとり、林郁夫被告《はやしいくおひこく》に対する判決です。死刑《しけい》か無期懲役《むきちょうえき》かという選択《せんたく》のなかで、山室さんが下した判決は無期懲役。しかし山室さんはのちに本当にそれでよかったのかと、悩むことになります。

その山室さんに裁判官の心情を聞くことになり、どこでインタビューするのがいいか考えこみました。彼の職場だった東京地方裁判所の法廷《ほうてい》でやってみたいのはやまやまですが、許可が出るはずもありません。

そこで思いついたのが、テレビドラマなどで使われる法廷のセットです。スタッフがいろいろ調べた結果、東京都内に法廷を再現したセットがあるのを見つけ、そこでインタビューすることにしました。

山室さんは一歩足を踏み入れるや、「本物の法廷みたいだ」と思わず声をあげ、裁判長席に自ら座ってから、生き生きと語り始めました。

それから二時間にわたって彼が話してくれた内容は、どれも刺激に満ちていました。

死刑判決をだす瞬間の気持ちや、人を裁かなければならない裁判長の深い孤独《こどく》。

そのとき山室さんが発した言葉の数々を、いまもはっきりと覚えています。


三つ目の例は、インタビューする相手から場所を指定してきたケースです。

前にも話したキャスターの筑紫哲也《ちくしてつや》さんが亡くなられたあと、彼の足跡《そくせき》をたどるドキュメンタリーを作ったときのことでした。ぼくはインタビュアーとして、縁《ゆかり》の人物を訪ね歩いて話を聞きました。

そのひとりに、やはりニュースキャスターだった久米宏《くめひろし》さんがいます。久米さんは筑紫さんがキャスターをやっていたのとほぼ同じころ、違う時間帯でニュースを伝えていました。久米さんが夜の十時台、筑紫さんがそのあとの十一時台といった具合です。ふたりはよきライバルでもあり、同志でもあるという間柄《あいだがら》でした。

その久米さんにインタビューを申しこんだところ、思わぬ答えが返ってきました。インタビューを、ＴＢＳのＮスタジオで受けたいというのです。Ｎスタジオは報道局のニューススタジオのこと、筑紫さんが十八年半にわたってキャスターをつとめた場所でした。相手側と相談して場所を決めることはありますが、相手から場所を指定してくることはそうそうあるわけではありません。

久米さん自身が、インタビューの場所の大切さを熟知している人だったこともあるでしょう。と同時に、筑紫さんの戦場ともいえる場所で話したいという気持ちが強かったのだと思います。

久米さんはスタジオに入るなり、照明のまぶしさに目を細めました。

「照明ひとつとっても、テレビって不自然ですよね。こんななかで自然でいろっていうほうが無理ですよ」

そして、筑紫さんが座っていた場所に腰《こし》をかけ、それからたっぷり思い出話を聞きました。もしインタビューがうまくいったとすると、Nスタジオという場所だったからだと思います。

紹介した三つの例は、どれもテレビでのインタビューです。テレビは映像として映るので、より場所にこだわるともいえます。でも雑誌にも写真があります。ぼくは、テレビでも活字でも本質は同じだと思っています。

大事なのは、相手が心から話せる場所を選ぶこと。

それは、ときにインタビューの出来を決定づけることになるのです。

人より先に場所を決めるインタビューもある

これまでは、まずインタビューする相手が決まり、そのあとインタビューするのにふさわしい場所を考える、という順番で進むケースを考えてみました。

でも実際には、まず場所ありき、つまりまず場所を決めて、そのあとに聞く人を選ぶというインタビューもあります。それは活字でも映像でも同じです。どんな場合でしょうか。

まずは特定の個人ではなくて、その場にいる多くの人に聞きたい場合です。

私立中学校の合格発表の場で、子どもたちに話を聞いたことがあります。それも三年連続でその場に足を運びました。名門と言われる中学校ばかり、エリートの卵たちの心のうちを探ろうという企画でした。

合格発表の場で話を聞こうとしたのは、その状況であれば、シャイな子どもたちも高《こう》揚《よう》して心を開いてくれると考えたからでした。まず場所というか、状況を決めてから、そこでインタビューすることにしてみたのです。

はりだされる合格者の番号に、待ち受けた大勢の親子連れが息を呑みます。そして次の瞬間、あちこちで歓声《かんせい》があがりました。自分の番号を見つけた子どもが「やったあ」と拳《こぶし》をあげて駆《か》け回る一方で、声をあげて泣き崩《くず》れる生徒もいます。抱《だ》きあう親子、携《けい》帯《たい》電話で声を詰まらせて報告する光景も見られました。

日々の悩み、学校や塾《じゅく》のこと、将来の夢。彼らはいろいろな思いを、実に率直に語ってくれました。ふだんなら照れてしまうようなことも、合格したばかりで高揚しているからこそ話してくれたのではないかと思います。

特定の誰かに聞くのではなく、その場にいる多くの人に話を聞く。こうした場合は、当然のことながら先に場所があるのです。

もうひとつは場所というよりは、相手が話しやすい場、あるいは環境《かんきょう》を作ったうえで、そこにいろいろな人を連れてくるというやり方です。

アメリカに『アクターズ・スタジオ・インタビュー』という人気テレビ番組がありま す。

アクターズ・スタジオというのは、ニューヨークにある映画監督《かんとく》、俳優を養成する学校のこと。この学校の副学長であるジェームズ・リプトンというインタビュアーが、スティーブン・スピルバーグやブラッド・ピットといった映画監督や俳優にインタビューするのです。

この番組は世界的にも人気があるのですが、その秘密はインタビュアーにある、という声をよく耳にします。確かにジェームズ・リプトンは、ゲストが関係した映画を事前にすべて観《み》ておくだけでなく、その人の生い立ち、趣味《しゅみ》や私生活にいたる情報を集めるなど、周到《しゅうとう》に準備をしています。さらに、聞く内容も決してスキャンダラスな事柄《ことがら》ではなく、演技論や演出論などいたって真面目なものが多いことから、トークショーには出ないような大物も喜んで出演します。そのことも人気の秘密のひとつなのでしょう。

　でもぼくは、この番組を成功させている最大の理由は、大勢の観客の前で話を聞いているることだと思います。それも一般《いっぱん》の客ではありません。アクターズ・スタジオの生徒たち、つまり本気で映画スターや監督を夢見て日々努力している若者を集め、その前でインタビューをするスタイルをとっているからだと思うのです。

　生徒たちにとって、ゲストは夢を実現した成功者、憧れの存在です。実際、番組で俳優や監督が答えるたび、観客席からもれるのは決して黄色い声援《せいえん》ではなく、敬意に満ちた歓声です。

　観客が二百人とすると、そんな四百のきらきらした瞳に見つめられるのです。インタビューされる側も心地よくないはずはありません。それに生徒たちが真剣《しんけん》な眼差《まなざ》しをすればするほど、少しでも自分の経験を話してあげようと思うのが人情です。

　すると何が起きるか。世界的に有名な俳優や監督が、まるで魔法《まほう》にかかったように生き生きと話し始めるのです。

　まず話を聞く状況を設定し、そこに人々を投げこむ（ここでは俳優や監督）。人より先に場所（状況）を決める（作る）ケースもあるのです。

「相手を知り尽《つ》くしたい」という思い

『誰に聞くか』、『何を聞くか』、そして『どこで聞くか』。それが定まれば、インタビューの準備はできたと言ってもいいでしょう。

そのうえで、もうひとつ、心に留めておいてほしいことがあります。

インタビューにのぞむにあたって最も大切なのは、決して技術的なことではないということ。大事なのは相手を知り尽くしたいという思いだと、ぼくは感じています。

インタビューがときに恋愛《れんあい》にたとえられるのも、そのせいかもしれません。

一九六〇年代から八〇年代にかけて、各国の指導者へのインタビューで名を馳せたイタリア人ジャーナリスト、オリアーナ・ファラーチさん。彼女はインタビューについて、こう話しています。

「私のインタビューは冷静であったためしがない。憎《にく》んでいても目の前にいる人間に恋《こい》してしまうからだ」

本当に恋をしてしまうかどうかは別にして、インタビューには恋愛に似たところがあると、ぼくも思います。

見ず知らずの人間ふたりが向きあい、片方が聞き、片方が答える。考えてみると、不思議な行為《こうい》です。ふつうの状況では遠慮して聞かないことまで、インタビューなら聞くこともあるでしょう。答える側からしても、どうしてこんなことまで話してしまったのだろうという場面もあるはずです。

まさに濃密《のうみつ》な時間です。

インタビューという非日常が生む特殊《とくしゅ》な関係を、オリアーナ・ファラーチさんは恋愛にたとえたのでしょう。

彼女は素晴らしいインタビュアーだったのだろうと思います。相手に恋をしてしまうくらい、相手のことを心から知りたいと思ったのですから。限られたインタビュー時間の、一瞬、一瞬、集中して相手のことだけを見ていたのでしょう。

一九九三年から二〇〇一年までアメリカの大統領をつとめた、ビル・クリントンという人がいます。この元大統領に会ったことがあるという女性の話を聞いたことがあります。

百人ほどが招かれたパーティーの席で、クリントン元大統領はひとりひとりにあいさつをしていったそうです。ひとりと握手《あくしゅ》をして、一言二言だけ言葉を交わし、次の人に移る。ひとりに対する時間は二十秒もなかったそうです。

それでも自分にあいさつをしてくれている瞬間は、世界のほかの誰でもない、自分だけに元大統領は意識を集中し、見ていてくれたと、その女性は思ったそうです。彼女によるとその場にいたすべての人が（もちろん男性も含《ふく》め）、同じような感覚を持っただろうと感じたのです。

クリントン元大統領はそう思われることを計算に入れて、そうした態度をとったのでしょうか。ぼくは違うと思います。たとえ相手にそう思われたいと頭で考えても、決して簡単なことではないからです。おそらく彼は相手にそう思わせる何かを持っていた、言いかえれば彼のなかに本能的な人間への強い興味があるからこそ、一瞬で相手はそれを察したのではないでしょうか。

もしビル・クリントン元大統領がインタビュアーになっていたら、素晴らしい聞き手になっていたと思います。

インタビューの前にはどんな準備をすればいいか、迷うこともあるでしょう。

でも何より、相手を知り尽くしたい、そんな気持ちでインタビューにのぞむこと。それが最も大切だと、ぼくは思います。

第3章

インタビューをしてみる

WORLDLY WISDOM
FOR 14 YEARS OLD

最初はその場の雰囲気《ふんいき》から始めよう

さあ、次は実際に誰《だれ》かに話を聞く場面を考えてみましょう。

もしあなたが話を聞く相手に初めて会うとき、どんな精神状態になるでしょうか。全然平気という人もいるかもしれませんが、たいていの人は多かれ少なかれ緊張《きんちょう》するのではと思います。でも緊張しているのは、おそらくあなただけではありません。こいつはどんな奴《やつ》で、どんなふうに聞いてくるのだろうと、相手も身構えているかもしれません。

ですから最初に会ったら、丁寧《ていねい》に、でもできるだけ肩《かた》の力を抜《ぬ》いてあいさつすることです。

「きょうは忙《いそが》しいところ、貴重なお時間をいただき本当にありがとうございます。きょうお話をうかがう○○○○と申します。どうぞよろしくお願いいたします」

これに対して、相手も簡単な自己紹介《しょうかい》をして座ったとします。

それでもまだ、固い雰囲気のままでしょう。そんなときに、いきなり本題に入ったら、ぎくしゃくした会話になってしまいがちです。いきなり「人生で一番大事にしている思い出はなんですか」なんて聞いても、相手は「なんでそんな大事なことをお前に話さなきゃいけないんだよ」という気持ちになるでしょう。

じゃあ、どんなふうに本題に入っていけばいいのでしょう。

あくまで、たとえばですが、相手が松葉杖《まつばづえ》をついて現れたとします。見ると、右足首は白い包帯でぐるぐる巻きにされています。

そのとき、あなたがそのことには一切触《いっさいふ》れず、「さっそくですが、これこれについてどう思いますか」と尋《たず》ねたらどうでしょう。なんだか不自然だとは思いませんか。ふつうならやはり「足どうされたのですか？」と聞いてみたくなるのが人情というものでしょう。

するとと相手は「実は、けさ走っていて、段差に気づかず転んでしまったんです」と頭をかきます。

「そんな大変なときに、わざわざ来ていただいて申し訳ありません」

「いや、大丈夫《だいじょうぶ》です。ひどい捻挫《ねんざ》をしてしまいましたが、幸い、骨には異常はありませんでしたから」

「それにしても朝、走ってらっしゃるんですか？」

「はい、毎朝、夜が明ける前にです。まだ暗いから足元がよく見えなかったんですね」

「ということは、何時ごろ起きるのですか？」

「四時には起きます」

「どうして、そんなに早く？」

「朝が一番、集中して仕事ができるんです。朝軽くジョギングしてからシャワーを浴びて、それから机に向かうんです」

「じゃあ、夜は早く？」

「遅《おそ》くとも十時にはさっさと寝《ね》るようにしています」

「夜のつきあいもあるのでは？」

「断ってばかりです。だからもう誰も誘《さそ》ってくれなくなりました」

「そこまでして確保している早朝の時間、何をしているのですか？」

という具合に、足の怪我《けが》のことから話はどんどん進んでいきます。自然な形で会話を始めることができればしめたもの、その流れで聞きたいことに持っていけばいいのです。

とっかかりは何でもかまいません。相手の髪型《かみがた》でも服装でも、髪の毛の寝癖《ねぐせ》でも、インタビューする場所の雰囲気でも、お天気の話題でも、その日に起きたニュースでもいいのです。ふだんの生活と同じで、さりげない会話からスタートすると互《たが》いにリラックスできるものです。

そんな雑談のような会話から、そのまま本題に入っていってもいいと思います。ですが、もし相手がどこまでが雑談なのか、もうインタビューは始まっているのか戸惑《とまど》う場合もあるでしょうから（特にテレビの場合は、もうカメラは回っているのか相手は知りたいものです）、何か合図を送る必要がある場合もあります。

ぼくはよく、こんな言葉を挟《はさ》みこむことで、雑談モードから、本題モードに持っていきます。

「さっそく、お聞きしたいのですが」

もう聞いてるじゃないか、と突《つ》っこまれそうですが、これまでの経験でいえば、これが意外とモードの切りかえに有効です。ああ、ここからは本題に入るんだな、とさりげなく伝えることができるように思います。

もし、「さあ、雑談は終わりです。ここからは本題に入りますので、よろしくお願いします」と宣言したら、相手は「そうなんだ、ここからはちゃんとしなくちゃ」と身体《からだ》を強《こわ》ばらせてしまうかもしれません。

大事なことは、その場の雰囲気を大事にして、できるだけ自然な形で聞き始めることだと思います。

始まったら流れに身をまかせよう

ぼくは話を聞く前日か、当日の朝に、インタビュープランのようなものを作ると、前に話したと思います。

『聞くポイント』と、『具体的な質問』です。

でもここからが大事なのですが、ぼくがいつも心がけていることがあります。

それはいったんインタビューが始まったら、準備したすべてを忘れる、つまり用意したインタビュープランを捨てる、ということ。頭のなかをからっぽにして、流れに身をまかせるのです。

当然のことですが、インタビューはひとりでするものではありません。相手がいてこそ成立するもの。その目的も相手からどれだけ話を引きだすかであって、自分が思い描《えが》いた段取り通り進めることではありません。もし相手の反応など気にせず、自分で想定した質問を順番通りぶつけていったら、どうでしょう。話のやりとりはぎくしゃくし、相手は窮屈《きゅうくつ》な思いをするのではないでしょうか。

だからこそ、事前に用意したものをいったん忘れたほうがいいのです。

でも実際には「準備したすべてを忘れて、流れに身をまかせる」ことなど、なかなかできないものです。

相手の言うことにふむふむと耳を傾《かたむ》けていたら、時間がなくなって肝心《かんじん》の聞きたいことを聞けずに終わってしまうかもしれないし、流れに身をまかせているうち、聞きたいことを忘れてしまうかもしれない。そんな不安に駆《か》られるからです。

でも本当に大事なことは、忘れないものです。事前にしっかり準備していれば、なおさらでしょう。これだけは聞きたいと強く思っていれば、流れに身をまかせているうち、その場にふさわしい聞き方がふと思い浮《う》かんでくるものです。

無理にねじこんだような質問より、流れにのった自然な質問のほうが、相手もずっと答えやすいはずです。

事前にできるだけ準備する。でもいったん始まったら、すべてを忘れて流れに身をゆだねる。ぼくの経験上、うまくいったインタビューは、たいていそれができているときです。

用意した質問は手元に置くか

始まったらすべてを忘れて身をゆだねる。

そうだとしたら、用意したインタビュープランは手元に置かないのでしょうか。

そんなものいらない、と言いきれる人もいるかもしれません。でもおそらく、何もないと不安だからやはり用意したものを持っていたい、という人のほうが多いのではないでしょうか。

いくつか聞かなければいけないのに、ひとつだけ聞き忘れてしまうかもしれない。それどころか、途中《とちゅう》で頭が真っ白になって、何を聞けばいいかさえわからなくなってしまうかもしれない。特にインタビューするのがとても緊張してしまうような相手だったり、事前の準備が充分《じゅうぶん》できなかったりというときなどは、手元に何か持っていたいと思うのは自然なことです。

自分のこれまでを振《ふ》り返ってみると、何か持っているのと何も持たないのでいえば、半々というところでしょうか。手元に持つ場合は、前の日か当日に書いた具体的な質問を置いておきます。Ａ４の大きさの紙に書いたもので、たいていはバインダーのようなものに挟んで手元に置いておきます。

たとえば大臣にインタビューするとします。その場合、個人的なインタビューではなく、所属しているメディアを代表して話を聞くことになりますから、当然、自分の聞きたいことだけではなく、仲間たちの意見も取り入れて聞かなければなりません。そんなに多くない機会を生かすためにも、忘れてはいけない質問は手元に置いておきたいと思うものです。

でもこれは安心するためのお守りのようなもので、ぼくの場合、始まってしまえば一度も見ないまま終わることがほとんどです。そう、始まってしまえば、流れに身をまかせるようにつとめるのです。

相手の目を見て話を聞いていると、視線を落とすことすら、したくなくなってしまうからです。相手が話をしているときに、手元を見ながら次の質問項目《こうもく》を探したとしましょう。相手からすれば、自分の話を聞いていないのではないかと思ってしまっても不思議ではありません。その瞬間《しゅんかん》、聞き手と話し手のあいだにあった濃密《のうみつ》な空気が薄《うす》まってしまう、いい意味での緊張がほどけてしまうような気がするのです。

ですから始まってしまえば、手元に質問を書いた紙を置いていたとしてもできるだけ見ないほうがいいと思います。でもどうしても見たいときは、用意した質問を読むのではなく、『聞きたいポイント』だけを目で拾って、聞かなければならない質問を思い出すほうがいいでしょう。

たとえば、音楽家の大友良英《おおともよしひで》さんに話を聞いたときのインタビュープランを紹介しましたが、そのときであれば『具体的な質問』ではなく、ポイントだけを目で追ってもいいのです。

①『あまちゃん』ブームをどう振り返るか
②大友良英はなぜ大友良英になったのか
③あまちゃんバンドの新たな挑戦《ちょうせん》
④福島とのかかわり
⑤東京オリンピック
⑥今後の活動について

あるいは最初から、別にポイントだけを記したものを手元に置いていてもいいかもしれません。自分にあう方法を試行錯誤《しこうさくご》しながら、見つけていけばいいと思います。

十の質問

- 好きな言葉は？
- 嫌《きら》いな言葉は？
- 元気のもとは？
- うんざりすることは？
- 好きな音は？
- 嫌いな音は？
- 好きな悪態は？
- いまの職業以外でやってみたい職業は？
- 絶対やりたくない職業は？
- 天国に着いたとき、神になんて言われたいか？

これまでできるだけ用意した質問は見ないほうがいいという話をしてきましたが、逆に見ることをスタイルにしているケースもあります。

アメリカのテレビに「アクターズ・スタジオ・インタビュー」という番組があることを紹介しました。アクターズ・スタジオという学校の生徒たちの前で、映画俳優や監督《かんとく》に話を聞く番組です。

この番組のインタビュアーは、カード式のようなメモを持って、一枚ずつめくりながら順番に聞いていきます。カードに書いておいたままを読むことも少なくありません。

どんなゲストであろうと、必ずする十の質

問があります。

毎回、同じ質問をすることで、ゲストそれぞれの人間性の違《ちが》いをだすのが、狙《ねら》いです。もちろんゲストも聞かれることがわかっていますので、必死で答えを考えてきます。それがまた面白いのです。このように同じ質問をスタイルにする場合などは、あえて目を落として読むほうが自然なこともあるでしょう。

あからさまに時計を見ないようにしよう

インタビューにのぞむとき、もうひとつ注意していることがあります。

あからさまに時計を見ないことです。

テレビのインタビューでは、もらえる時間はたいてい一時間、あるいは三十分というときもあります。もちろん相手の人生を丸ごと聞くようなインタビューは時間制限をつけないこともあるでしょうが、たいていは限られた時間のなかで話を聞かなければなりません。そうすると、もらえた時間をどう配分するかがとても大事になります。

三つのポイントを聞こうと思っていたのに、最初の質問で盛り上がってしまい、ほかの二つの質問をしないうちに時間が来てしまうことだってあります。そんな事態を防ぐためにも、あとどのくらい時間が残されているのかを把握《はあく》しなければなりません。

ですから、ぼくはインタビューする場所に入ったら、時計がどこにあるか確認します。一番いいのは、向きあった相手の顔の向こう、その視界のなかに時計があることです。そうすれば、相手に知られることなく、残された時間を計算することができます。

でもそんなことはまれです。そんな都合のいい場所に、ふつう時計はないものです。

じゃあ、どうするか。

ぼくは、あくまでそれができるときはですが、相手の腕時計《うでどけい》を盗《ぬす》み見ます。相手が話しながら身振り手振りをすれば、腕時計が袖《そで》の下から顔を覗《のぞ》かせます。それをちらりと見て時間を探るのです。

そんなことしないで、自分の時計を見ればいいじゃないかと思うかもしれません。

でももし自分がインタビューをされているとして、聞き手があからさまに下を向いて腕時計を見たら、自分の話は退屈《たいくつ》なのかもしれないと不安になるかもしれません。まあそこまでいかなかったとしても、いい意味での緊張がほどけてしまうように思うのです。

それほど人間の心理というのは繊細《せんさい》なものだと思います。

相手の話に夢中になって時間を忘れる。それでいてもうひとりの自分は冷静に残された時間を考えている。それが自然にできるようになれば、インタビューはスムーズに流れると思います。

でも、たとえばテレビのスタジオにゲストを呼び、生放送で話を聞くときには、だいぶ違う状況《じようきよう》になります。

目の前に時計はいくつかありますし、生放送は何時から何時まではっきり決まっていますから、ゲストも時間に限りがあることを意識してスタジオに座っています。

こうした場合「あと一分しかなくなってしまいましたが、最後にこれについてはどう考えますか」と問いかけたりします。時間がないことを相手にはっきり告げることで、その時間内で話してもらうよう、うながすのです。

でも生放送であっても、相手にはできるだけ時間を意識せずに話してもらうことを心がけます。時間に追われて気が急《せ》いてしまうと、ちゃんとした話もできなくなってしまいますから。もちろん守らなければならない時間の制限もある。そのあたりのさじ加減はどれだけ経験をつんでも、なかなか難しいものです。

メモはとるか、とらないか

用意した質問はできるだけ見ない、あからさまに腕時計を見ないという心構えを話しましたが、なかにはどうしても手元に視線を落とさなければならないインタビューもあります。

それはメモをとらなければならないケースです。

テレビの場合は、映像と音声が残っているので、まずメモはとりません。

でもそこで聞いたことを、新聞や雑誌のようにあとで活字としてまとめる場合にはなんらかの記録として残しておかなければなりません。ノンフィクションライターのなかには、自分の記憶力《きおくりょく》を信じているからメモをとらないという方もいらっしゃいますが、なかなかそうはいきません。

ぼくもそうした場合、メモをとります。事前に作ったインタビュープランは忘れて流れに身をまかせる。これはテレビと同じですが、違うのは相手の発言を文字に残すこと。その場合は、書きながら視線を落とすこともやむをえません。

その人の話の語尾《ごび》までニュアンスとして伝えたいようなときには、詳細《しょうさい》に、できれば一字一句書いていきます。といってもそんなに早くメモをとることは無理なので、できるだけです。あるいはその人がしゃべる情報そのものが大事な場合にも、できるだけ詳細にメモをとるようつとめます。

ごく簡単なメモだけにするときもあります。その人が話す内容もさることながら、それ以上に相手の表情や仕草などを見ておく必要があるような場合です。一字一句書き残そうとすると、どうしてもそればかりに気をとられてしまい、相手のことを観察するのがおろそかになるからです。その場合には、キーワードとなる言葉を中心にメモしておきます。

たとえば相手がこう話すとします。

「ぼくは生まれたのも、育ったのも岡山県《おかやまけん》の倉敷市《くらしきし》なんだ。小学校のころは病気がちで学校を休んでばかりいた。中学に入ったとき、友人に誘われてバスケット部に入ったんだけど、長くは続かなかった。体力がなくてついていけなかったんだね。そのうち学校にいくのがおっくうになって、さぼるようになった。部屋にこもったままで、まあ引きこもりに近かったね。毎日何をしているかというと、とにかく音楽を聴《き》いていた。でもそれがいまの自分をつくったんだと思う」

相手がこう話すのを聞きながら、どんな言葉をメモしておけばいいのか。

「生まれ育ったのは倉敷市、小学校、病気がち、中学、友人に誘われてバスケ部、体力がついていかない、引きこもり、音楽との出会い」

まあこのくらいメモしておけば、あとで思い出せるはずです。実際にはもう少し詳《くわ》しくメモできると思いますが、大切なのは倉敷とかバスケットという固有名詞をちゃんと書きとめておくこと。そうでないと、あとで活字にするときに思わぬミスをすることになります。逆に言えば、最低限そうした言葉さえ押《お》さえておけば、そのあいだをつないでいけばいいのです。相手の口調も聞いているうちに身体に馴染《なじ》んできますから、キーワードをもとに聞いた台詞《せりふ》を再現することも、慣れてくればそれほど難しくないと思います。

事前のプランは忘れて、流れに身をまかせる。そのうえメモもとる。

口で言うのは簡単ですが、実際にはなかなか大変です。メモを正確にとることばかりに気をとられていると、肝心のやりとりが味気ないものになってしまいがちです。ですから、ぼくは一字一句書くことより、書き残すメモは最小限にして、相手とのやりとりに、より集中するようにしています。相手が発する言葉だけでなく、表情や声のトーンなど、相手を丸ごとつかもうとするのです。そして終わったあと、記憶が薄れないうちに、覚えていることを追加でメモにしておくのです。

これまで何度か、インタビューの最中に視線を落とすと相手とのいい意味での緊張がほどけてしまう、と注意をうながしてきました。でもそれは視線を落とすという行為《こうい》自体を問題にしているのではありません。よくないのは、聞き手の意識が途切《とぎ》れることなのです。

相手が話しているのに、手元に視線を落として次の質問を考えたとすると、その時点で意識が途切れていることが相手に伝わります。ああ、こいつはこちらの言っていることを聞いてなくて、次の段取りを考えているな、と思われてしまうかもしれません。

ですが、メモをとるために視線を落としても、それは必ずしも意識が途切れたことにはなりません。別のことを考えているのではなく、相手の言うことを聞きもらすまいと文字に残しているのです。相手としても、決して悪い気はしないはずです。メモしながら新たな問いが生まれ、その問いをまたぶつける。それに相手が答える。うまくいけば、いい循環《じゅんかん》にもなっていくでしょう。

ですから、視線を落とすこと自体が悪いのではないのです。やりとりに集中せずに、意識を途切れさせることが問題なのだと思います。だから、そうならないよう注意しながら、必要ならメモを残せばいいのです。

ＩＣレコーダーは回すのか

メモをとるのは面倒《めんどう》だから、録音しておきたい。そのほうが正確だし、あとで聞き直すこともできる。しかもそのほうが相手とのやりとりに集中できるから、と考える人もいるでしょう。

もちろんそれもひとつの方法です。

テレビはカメラが音も収録するのでレコーダーを回すことはありませんが、新聞や雑誌、ノンフィクションなどの活字の場合、録音する人もいると思います。ぼくもレコーダーで録音したことがないとはいいませんが、めったにありません。それは録音すると、かえって時間がかかってしまうからです。

メモはとらず、録音しながら二時間話を聞いたとします。

仕事場や家に帰ってから、聞き直す時間が同じ時間ほど、つまり二時間は必要になるでしょう。途中《とちゅう》で止めて聞き直しながら内容を書きだしていくと、それだけで下手すると倍の四時間はかかってしまいます。実際に聞いたのが二時間ですから、聞き直してメモを完成させるのに、あわせて六時間はとられてしまうのです。

一方で、話を聞きながらちゃんとメモをとっておけば、インタビューにかかった時間、つまり二時間ですみます。一字一句までは無理だとしても、集中していれば、キーワードを書きとめたうえで、相手のことを観察もできます。それをもとに帰ってから、文章にまとめる作業を始めるほうがはるかに効率的だと思います。

しかも録音しておくと、どこか安心して集中力を欠いてしまう（あくまでぼくの場合ですが）ことが多いと思います。それよりは絶対聞き逃《のが》せないくらいの覚悟《かくご》でのぞむほうが、時間を有効に使えると思ってしまうのです（もちろん録音しても集中力が落ちないという人は、メモしながら、念のため録音もしておくという手もあるでしょう）。

例外的なのは、相手がめったに会えない人で、しかも正確に記録として残しておきたい。そんな場合です。テレビならば放っておいても映像と音声が残りますが、活字の場合そうはいきません。せっかくこの人に話を聞けるのだから、後に音声でもう一度その場の雰囲気を味わいたい、一字一句聞きもらしたくない。そんなふうに思うときは、ぼくも録音します。それは音声が貴重な記録になるかもしれないというよりは、自分の宝物にしたいという気持ちから来るように思います（これも、あくまでぼくの場合ですが）。

ただその場合、大事なことは相手の許可をとることです。どういう目的で録音したいのか、録音したものをどう使うのかをちゃんと説明し、了解《りょうかい》をとってから初めて録音を始めるのです。

もうひとつ考えておいたほうがいいのは、録音することで相手の口が重くなるという可能性です。

たとえば、誰かにインタビューをして、文章にまとめたいとします。相手には正確を期したいから、録音させてほしい。あくまで、あとで自分だけで聞き直すための録音だと説明して、許可をもらったとします。

そばでレコーダーが回っている。話す人間にとってはどうでしょうか。心のなかに警《けい》戒心《かいしん》が生まれても不思議ではありません。いや、警戒心というほどはっきりしたものでなくても、無意識に話す内容がよそいきになってしまったり、自分にマイナスになりそうなことはしゃべらないでおこうという気持ちになってしまったりすることも考えられます。

これは本当に人によると思いますし、相手との信頼《しんらい》関係にもよると思います。もちろん、全然気にしないという人もいますし、正確な情報を伝えるため、かえってそれを望む人だっているでしょう。

ここまで話してきたところで、こんな声が聞こえてきそうです。

録音すると、あとで聞き直さなければならないから、余計に時間がかかる、さらには相手の口が重くなる可能性がある。

考えてみると、それってラジオとかテレビのことじゃないの、という突っこみです。

確かにＩＣレコーダーと同じように、ラジオのインタビューは音声を録音します。さらにテレビの場合はそれに加えて、録画もする。つまり、あとで聞き直すだけでなく、見直さなければならないうえに、映像として残るから、相手はさらに口が重くなる可能性がある。

もしそう思った人がいるとしたら、まさにその通りです。

ラジオでは気軽に話せるけど、テレビは時間の制約も大きいし、窮屈だという人も少なくありません。テレビは宿命的にそうした多くの手間と、制約をかかえたメディアなのです。

でもその一方で、言葉だけではなく、相手の表情も映しだすという強みもある。もし相手がどんなに美しいことを言ったとしても、表情やかもしだす雰囲気から、それが本心でないのがばれてしまうこともある。

それぞれのメディアがそれぞれの制約と強みを生かしながら、インタビューという形態と格闘《かくとう》しているのです。

ＩＣレコーダーから、話が少し飛んでしまいました。

相手の話を録音するかどうかは、インタビューの目的と、どれだけの時間をかけられるのか、そして自分にあうやり方はどれなのか、そうしたことを考えあわせて決めていけばいいと思います。

できるだけ目線を同じ高さにしよう

マイクを持って街の人に話を聞いている場面を、テレビで見たことがあるのではないかと思います。テレビの用語で「街録《がいろく》」というんですが、この街録をするときに心がけていることがあります。

それはできるだけ目線を同じ高さにすることです。

小さな子どもや、背中の曲がったお年寄りに話を聞くのに、見下ろしながら質問を発したらどうなるでしょうか。答えるほうは無理して視線をあげたり、身体を起こしたりしなければならなくなります。それに見下ろされながら聞かれるって、あんまり気持ちいいものではないですよね。

聞くほうからしても、腰《こし》を落としたり、膝《ひざ》をついたりして視線を同じくらいの高さにしたほうが、相手の表情がわかるし、正面から目を見ることもできます。そのほうがスムーズな会話ができるのではないでしょうか。

たとえば、中学校の合格発表の会場で、子どもたちに話を聞いたときも、ぼくは身体をかがめたり、膝を地面についたりして、彼《かれ》らと同じくらいの高さに視線を持っていきました。日ごろの運動不足がたたって、三十人ほどの子どもに話を聞いたあとにはヘトヘトになりましたが、それ以上に彼らの声を聞けた喜びに満ちていました。

もし突っ立ったまま、見下ろしてインタビューしていたとしたら、あれほど多様な声を聞けたかどうかわかりません。たぶんそうはいかなかったと思います。それは活字でも映像でも一緒《いっしょ》です。

子どもたちと同じ視線に持っていくのは、たんに話しやすいということだけではなく、彼らひとりひとりへの敬意でもあります。話を聞くという行為に、年齢《ねんれい》は関係ありません。

できるだけ目線を同じ高さにするというのは、たんに物理的な高さというだけではなく、精神の持ちようのことでもあるのです。

価値判断を加えずに尋《たず》ねよう

小学校六年生のときのこと。教室で名前を呼ばれて振り返ったとたん、いきなりクラスメートに殴《なぐ》られたことがあります。何がなんだかわからず、鼻血が出てきたのを覚えています。あとでわかったことですが、彼はクラスの野球チームから自分が仲間はずれにされたと思いこみ、その首謀者《しゅぼうしゃ》がぼくだと誤解したんだそうです。とりあえず真相を問いただしてみる余裕《よゆう》もないほど怒《おこ》っていたことが、彼の表情からわかりました。

こんなふうにいきなり拳《こぶし》が飛んできたら、会話は成立しません。それと同じで、インタビュアーがいきなりけんか腰で聞いてきたらどうでしょう。相手はうんざりして話す気になれないでしょう。

そこまでではなくとも、質問に非難の気持ちが含《ふく》まれていたら、相手にはすぐにそれが伝わるはずです。

そう、「どうして宿題をしてこなかったの」という、あの質問です。これは問いかける形をとっていますが、そこにこめられているのは、叱責《しっせき》、非難です。怒られているのだと思うと、人はつい反発したくなるものです。

もしあなたが演劇部の部長さんだったとします。公演が近いのに、稽古《けいこ》に来なかった部員がいたとします。翌日、顔を見たときなんて言うでしょう。

「どうして稽古、さぼったの？」

うーん、これは「どうして宿題してこなかったの」と同じですよね。さぼったと決めつけていますし、明らかに非難のニュアンスを相手は感じるはずです。

「どうして稽古、来なかったの？」

どうしてさぼったの、よりはいいと思いますが、大差ありません。

それでは、こう聞いたらどうでしょう。

「きのう稽古にいなかったけど、何かあった？」

もちろん言い方にもよりますが、少なくとも相手を一方的に非難しているようには聞こえないのではないでしょうか。それに加えて、相手を気遣《きづか》って心配しているニュアンスもこめられます。聞かれた相手も、どうして来なかったの？と責められるよりは、答えやすいのではないでしょうか。

ぼくの知り合いで、生徒ととてもうまくコミュニケーションをとっている教師は、たとえばふたりの生徒が言い争っているのを見ても、決して怒らず、どちらにも加担せず、まず優しい口調でこう聞いてみるといいます。

「どうしたの?」

そうすると、ふたりが一生懸命《いっしょうけんめい》、自分の思いを話してくれる。そして多くの場合、それぞれ自分の悪かったところも認めるというのです。その教師はどう聞くのがいいか、試行錯誤したすえ、「どうしたの?」という問いにたどり着いたといいます。

質問は相手を裁くためにあるのではありません。

たとえば、インタビュアーとしても活躍《かつやく》している阿川佐和子《あがわさわこ》さんは、人を決して裁こうとしません。それどころか何を話しても受けいれてもらえる、肯定《こうてい》してもらえそうな懐《ふところ》の深さを感じます。阿川さんの前に出ると、たいていの人は安心して話してしまうのではないでしょうか。もちろん人柄《ひとがら》やかわいらしさ、ユーモアのセンスもそうした安心感につながっているんでしょうが、何より人間への強い興味が根っこにあるのだと思います。

もう一度言いますが、質問は相手を裁くためにあるのではありません。正しいとか正しくないとか、いいとか悪いとか、そうした価値判断を入れずに問うことが大事だと思います。

女優の沢尻《さわじり》エリカさんにインタビューしたときのことです。

新しいドラマに挑戦するのを機に、インタビュー嫌いの（と言われていた）彼女《かのじょ》に話を聞くことになりました。

そのときの役回りは、静かで優しい女性。するとスポーツ紙は「久々に清楚《せいそ》な役に挑戦」などと書き立てました。自由奔放《ほんぽう》な、もっと言えばわがままな女性というイメージがあったからでしょう。

そのひとつの理由が、かつての彼女の振《ふ》る舞《ま》いでした。

出演した映画の公開初日。その舞台《ぶたい》あいさつで司会者の質問に対し、不機嫌《ふきげん》そうに「別に」とつぶやくだけで、質問に答えようとしなかったのです。映画を観《み》てもらうための宣伝の場なのに、なんて失礼な態度をとるんだ。そんな批判が彼女にあびせかけられました。

それが彼女のイメージを決定づけます。

「別に」という言葉が彼女の代名詞にもなったほどでした。それ以降、テレビのリポーターたちの彼女への問いは、どこか問い詰めるような響きが感じられました。

そんな彼女にインタビューしたのです。

ぼくは新しいドラマについてだけではなく、「別に」と言ってしまったこと、そのときの心理状態、いまはそのことをどう思っているかについても聞いてみたいと思いました。「別に」と言ったことについて、正しいとか間違っているという価値判断はぼくのなかには一切なく、そのことについてただ聞いてみたいという気持ちでした。

だからなのか、実際にインタビューが始まると、彼女は驚《おどろ》くほど素直にそのときのことを話してくれました。さらには自分がフランス人の母親と日本人の父親のあいだに生まれた生《お》い立ちや、子どものころのつらかった思い出も、自ら語り始めたのです。

大事なことは、あなたを非難したいのではない、ただ理由を知りたいんだという気持ちを、静かに質問することで伝えるのです。そうすればおのずと相手に伝わると、ぼくは信じています。

聞き方もとても大事

質問には価値判断を加えないようにしよう、と話しました。

それに加えてもうひとつ大事なのは、どう聞くか、です。

あなたが演劇部の部長だとして、公演が近いのに稽古に来なかった部員にどう声をかけるかの例として、「きのう稽古にいなかったけど、何かあった？」という聞き方をあげました。

さぼったと決めつけず、価値判断を加えない言葉遣いを勧《すす》めたわけですが、これとて聞き方次第で、伝わるニュアンスは変わってきます。

淡々《たんたん》と聞くのと、相手を気遣うような声のトーンで聞いた場合ではだいぶ違うであろうことはわかるでしょう。

もし、かなりきつい口調で「きのう稽古にいなかったけど、何かあった？」と聞いたとしたらどうでしょう。おそらく「どうして稽古、さぼったの？」とほとんど変わらないニュアンスになってしまいます。それどころか聞き方によっては、「どうして稽古、さぼったの？」より、相手は責められている印象を受けるかもしれません。

それほど聞き方は大事なのです。

でもたぶん、みなさんはその重要性をよくわかっている、とぼくは思います。日々の生活を振り返ってみてください。メールやＬＩＮＥをするときに、絵文字を使っていませんか。もし使っていたとしたら、それは聞き方を意識している、聞き方によってニュアンスが大きく変わってしまうことを、知っているからではないでしょうか。

「きのう稽古にいなかったけど、何かあった？」

こうＬＩＮＥに書くとします。

文字だけでは、どう伝わるか不安ですよね。

もしあなたが怒っていて、そのニュアンスを伝えたいなら、そのままでいいでしょう。

ですが、怒っているわけじゃないんだよ、ただ知りたいんだという気持ちを伝えたいときは、最後に笑顔の絵文字を添《そ》えるかもしれません。そうすれば少なくとも攻撃《こうげき》しようとしているのではない、親身になっているんだという印象を伝えることができるのではないでしょうか。

人と人がコミュニケーションをとるとき、言葉で伝わるのは全体の三割ほどで、残りの七割は、ものの言い方や声のトーン、相手の表情など、言葉とは別の要素だといいます。

メールやＬＩＮＥでは文字だけのやりとりになるので、表情や声のトーンがごっそり抜け落ちてしまう。そうなるとなんだか事務的で冷たい印象になってしまうし、誤解も生まれやすい。そうした事態を防ぐために、つまり言葉以外の七割の要素を補うために、絵文字を使っているのではないでしょうか。

それがまさに、聞き方なのです。

「きのう稽古にいなかったけど、何かあった？」

どんな声の大きさ、スピードで、どんな表情をして、どんな身振り手振りをして聞くのか。それによって相手に伝わるニュアンスはまったく変わってきます。

どんな『言葉遣い』で聞くかも大事ですが、それよりも『聞き方』のほうがはるかに相手に与《あた》える印象を決定づけるかもしれません。そして、その重要性は、日常生活でもインタビューの場でも同じだと思います。

リアクションはどうすればいいのか

ふだんの生活で誰かと話をするとき、あなたはどんなふうにリアクションをしているでしょうか。

「ええ！」「マジ？」「ウソー！」「本当？」「そうなんだ」「へえ」「そうだよね」などなど、意識しているかどうかは別にして、日ごろ使っているリアクションの言葉は、数えきれないほどあるはずです。

リアクションが大事なのは、それによって話が弾《はず》むかどうかが決まってしまう、と言ってもいいほどだからです。

たとえば、あなたが「そうなんだ」とあいづちをうつ場合を考えてみましょう。

同じ「そうなんだ」でも、言い方によって全く違った印象を与えると思います。

もし「そうなんだ」と興味津々《きょうみしんしん》という調子で言ったら、相手はどう思うでしょう。相手は自分の話を面白がっていると感じるでしょう。そしてもっと話したいと思うのではないでしょうか。

それではもしあなたが、淡々とした口調で「そうなんだ」と言ったらどうでしょう。自分の話に興味はないのかもしれない、と相手は思うのではないでしょうか。それと同じで、もしひどく投げやりな調子で返せば、もう相手は話す気がなくなってしまうかもしれません。

ぼくも誰かと話しているとき不安になることがあります。相手の反応がなかったり、あっても冷めたあいづちだったりしたら、この人、本当に聞いているのだろうか、いや、ぼくの話がわかりにくいのか、ただ話がつまらないだけなのかもしれない。そんなことを考えて、話に集中できなくなったりします。

人は自分の話に興味を持ってくれる人に、話したいものです。

もちろん興味がないのに興味があるふりをすることはないし、必要以上に大げさにあいづちをうつと、それはそれで嘘《うそ》くさくなってしまうものです。それでも相手への敬意という意味でも、ちゃんと聞いているという姿勢を示すことは大切だと思います。

ぼくの場合、たとえば、「はい」、「そうなんですか」、「なるほど」、「はあ」といったあいづちをうったり、うなずくことで聞いているという気持ちを伝えたりします。もちろんわからないときは、「ここはわからないんですが」とか、「この点についてもう一度うかがいたいのですが」といった言葉は挟みますが、テレビのインタビューは聞き手のあいづちが大きかったり、多かったりすると、あとで視聴者《しちょうしゃ》が聞くときに、うるさかったり、邪魔《じゃま》に感じたりすることもありますから、あいづちが過剰《かじょう》にならないように注意しています。

もちろんテレビでも、あいづちも含めて見せるインタビューでは、頻繁《ひんぱん》にリアクションをするケースもあります。それによって会話にリズムが生まれるからです。その最たるものは、漫才《まんざい》コンビのやりとりでしょう。インタビューではありませんが、会話という意味では共通するものもあると思います。彼らのやりとりがあれほどリズミカルになるのは、リアクションがあるからです。リアクションが小気味よく入るからこそ、相手も話しやすいし、観ているほうもしっかりと耳に入ってくるのです。

でも活字の場合は、そんなことまで考える必要はないので、素直にリアクションをすればいいと思います。たとえば活字でまとめるために戦争体験者に話を聞く場合などは、相手の話を何度も止めて、事実関係をひとつひとつ確認していくこともあります。そんな場合は、リアクションなんて考えずに、ひたすら事実を追い求めればいいのです。

大事なことは、ちゃんと聞いていることを相手に伝えること。

コミュニケーションで、言葉で伝わるのは三割ほどと言いましたが、それはリアクションでも同じです。

言葉として声にださなくても、どんな心持ちであなたが聞いているかは、隠《かく》そうと思っても相手に伝わるのです。もし心から興味を抱《いだ》いていれば、気がついたら身を乗りだして聞いているかもしれない。あるいは表情や瞳《ひとみ》で、あなたの気持ちはしっかり相手に伝わるはずです。

あなたの気持ちが伝わる、すると相手はもっと話してしまう、そうなるとあなたはさらに話にのめりこむ。そしてそれが伝わると、相手はそれまで秘密にしていたことまで話してしまう。リアクションひとつで、こんなことも起こるかもしれないのです。

何より聞きたい、知りたいというあなたの情熱を伝えること。それこそが最も大事なリアクションなのだと思います。

終わったあとも耳をすまそう

さて、聞いているうち、約束の時間が近づいてきました。こっちにもまだ聞きたいことがあり、相手ももっと話したそうであれば、阿吽《あうん》の呼吸で予定の時間をオーバーして続くことも少なくありませんが、それでもある程度のところで終わらせなければなりません。

インタビューは聞き手であるあなたと、話し手である相手との一期《いちご》一会《いちえ》、二度と同じものはない貴重な時間です。だからできれば気持ちよく終わりたい。最後の質問を何にするか、迷うかもしれません。でも一時間話していれば、そのテーマにふさわしい最後の質問があるはずです。すぐ思いつくのはこれからの目標や抱いている夢など、未来につながる問いですが、いつもそれがふさわしいとは限りません。それまでの流れにあうと思う終わり方に持っていけばいいのです。

「最後にお聞きしますが」とか、「最後にもうひとつだけお聞きしたいのですが」という言葉をまず発してから、質問に移ることもあります。つまり、もうすぐ終わりですよ、という合図を相手に送るのです。そうするとなんだか収まりがいいというか、唐突感《とうとつかん》を薄められるような気がします（ぼくの場合、最後にお聞きしますが、と言っておきながら、その答えが面白くて、さらにもうひとつ、もうひとつと、どんどん続いてしまい、相手にあきれられたことも数知れませんが）。

ただうまくいくときは、クラシックの名曲がもうすぐ終わると宣言しなくても「ああこのあたりで終わるんだ」とわかるように、「最後にお聞きしますが」なんてことを言わなくとも自然に収束していくものです。

そして終わったら、丁寧にお礼を言いましょう。時間をとってもらったことに心からの感謝の気持ちをこめて。

ですが、ここで言いたいのはここ、から、です。

不思議なもので、終わったあとに相手が素敵な言葉を発したり、思わぬことを話しだしたりすることがあります。緊張がとけて、よそいきの言葉から解放されたとたん、ふだん着の、心からの言葉を発したり、それまで語らなかったエピソードを話しだしたりすることもあります。そしてそれが、長々と話を聞いてきた中味よりも、いい話だったりするのです。

ですからぼくはテレビの場合、いったん終わったあとも、録画し続けてもらうようカメラマンにお願いすることが少なくありません。そうでなくても勘《かん》のいいカメラマンなら、いったん録画をやめていたとしても、いい言葉が飛びだしたら、それに反応して再びカメラを回してくれたりするものです。もちろん相手が録画をやめてくれと言えばすぐに止めますし、録画されていない前提で話しているときは、その言葉を放送で使うわけにはいきません。ですが多くの場合、相手もわかっていて話を続けてくれるものです。もし不安な場合は、その部分を実際に放送で使っていいかどうか、相手の了解をとればいいのです。

それは活字の場合でも変わりません。いったん終わったあとに、相手が大事なことを話しだすことも珍《めずら》しくありませんし、それどころかその部分が、記事や原稿《げんこう》の中心になることだってあるのです。

ですから、いったん終わったと思ったあとも、ぜひ耳をすませていてください。思いもしないような言葉が聞こえてくるかもしれません。

第4章

話をもう一歩、展開させるために

WORLDLY WISDOM
FOR 14 YEARS OLD

相手の答えに、さらに問いをぶつけてみよう

インタビューをするばかりでなく、ぼく自身も何度かインタビューされる側に回ったことがあります。

そのとき思いました。

聞き方というのは、人によってこんなにも違《ちが》うものかと。

それはどんな質問をするかというだけではありません。聞く人の声の発し方や、かもしだす雰囲気《ふんいき》、あるいは熱意や懐《ふところ》の深さなどによって、答える人の心の持ちようは変わるんだなあと、しみじみ思ったのです。

これはしゃべりにくいなあ、と思ったのは、質問をぶつけられ、答えると、機械的にすぐ次の質問に移るインタビューです。

たとえば、初めて小説を書いたときのことです。それまでノンフィクションは書いたことがあったのですが、フィクションを書くのは初めてでした。しかもぼくは事実を伝

えるニュースの仕事をしていることもあって、そのことと現実の話ではない小説を書くということが、周りの人々からするとなんだかピンとこなかったようです。

そのためか、いくつかのインタビューに答えるなかで、決まって聞かれたのはこんな質問でした。

「どうしてノンフィクションではなく、小説を書いたのですか」

うーん、これに本気で答えようとすると、一時間くらいかかってしまいそうです。とりあえず、ぼくは書き始めたときの状況《じょうきょう》を簡潔に話すことにしていました。あまり長くなっても申し訳ないし、聞き手がどの程度まで知りたいのか、まだはっきりしないためです。

ところがあるとき、その質問はそのまま終わって、次の質問に移りました。

「小説のテーマは、どうやって選んだんですか」

え、もう次の質問なの、とぼくは肩透《かたす》かしをくらったような気持ちになりました。ニュースの仕事をしながら、なぜ小説を書こうと思ったのかという問いは、間違いなくインタビューの柱のひとつのはずなのに、これだけの答えで納得したのだろうか。書き始めたときの状況は話したけど、まだ心のうちはろくに話していないのに。いやインタビュアーはあとでまたこの問いに戻《もど》ろうと思っているのかもしれない。

そう気を取り直して、テーマを選んだきっかけを話しました。それは旅先の空港での経験でした。これも話せば長くなるので、これこれこういうことがあった、それをファーストシーンにしようと決めたら、あとは物語が動きだしたというようなことを話しました。

するとインタビュアーは「どのくらいの期間で書いたのですか」と、またすぐに次の質問に移りました。

「書き終えたときは、どうでしたか」

「書き直し作業はしたのですか」

「作品の出来については、どう思いますか」

「次の作品の構想はありますか」

答えるたび、即座《そくざ》に次の質問です。そのたび、ノートに書いてきた質問項目《こうもく》に目を落として、質問を読み上げていました。

その様子を見ているうち、この人はたんに仕事としてこなしているだけで、本当はぼくやぼくの作品に興味がないのだろう、と思うようになりました。

すると、不思議なもので、自分の答えもおざなりになっていることに気づきました。

そして、すぐに思い直しました。このままでは自分のこの作品にかける思いは伝わらない。読んでくれるかもしれない読者のためにも、きちんと話しておきたい、と。

そう考えて、「どうして小説を書いたのかという最初の質問ですが、こんな思いも自分のなかにあったように思います」と（できるだけ自然に）切りだし、言い足りなかったことを自らしゃべったのです。

インタビュアーの方には申し訳なかったかもしれませんが、このままでは互《たが》いにとっていい結果にはならないと考え、ほかの質問に対しても、追加の答えを足していきました。

そのインタビューが終わってから、思いました。

ぼく自身も、相手にこんなふうに思わせたことがあるかもしれない。こんなふうに、聞かれる人を落ち着かない気持ちにさせたことがあるに違いない。

そういう意味では、インタビューされる側を経験してよかったと思います。

じゃあ、どうやって相手の答えに、さらに問いをぶつければいいのでしょう。

大事なのは質問の文言ではないとぼくは思います。

あなたがぼくにインタビューしたとします。

「どうしてノンフィクションではなく、わざわざ小説を書いたのですか」と聞いたのに、なるほどどと納得した感じが得られない。さりとて、さらなる質問をどう繰《く》りだせばいいかわからない。

そんなときには、たとえばこんな問いでもいいと思います。

「もっと詳《くわ》しく教えてもらえませんか」

それだけでも、あなたがもっと知りたがっていることは、相手に充分《じゅうぶん》、伝わります。

自分のことをもっと知りたいと思われて、悪い気がする人はいないと思います。

もちろん、少しずつポイントを絞《しぼ》りこめるような問いを重ねていけるに越《こ》したことはありません。でも最初から、そんなにスムーズにはいきません。何より、あなたがもっと深く知りたいと思っている、ということを相手に伝えることこそ、大切なのだと思います。

別にかっこよく質問する必要はないのです。思いつかなければ、最後の言葉を繰り返すだけでも伝わるはずです。

「…………、どうしても小説を書きたいという気持ちになったんです」

もしぼくが答えをこう締《し》めたとしたら、首を傾《かし》げながら、あるいはよくわからないなあという口調で、そのまま同じフレーズを繰り返してみてください。

「どうしても小説を書きたいという気持ちになった」

これだけでも、ちゃんと問いになっているはずです。

あるいは、最後の言葉に「なぜ」をつければ、もっとはっきりするでしょう。

「でもなぜ、どうしても小説を書きたいという気持ちになったのでしょう」

それだけで、相手はもっと話を深めなければと思うはずです。

人の心は、ひとつの答えだけで理解できるほど簡単ではありません。

まず相手の話に集中し、素直な気持ちでさらなる問いを発してみてください。

予想外の方向に行ったほうが面白い

歌舞伎《かぶき》の坂東玉三郎《ばんどうたまさぶろう》さんにインタビューしたときのことです。

玉三郎さんといえば、歌舞伎界を代表する女形《おんながた》、その身のこなしの美しさは息を呑《の》むほどです。

その玉三郎さんにインタビューする機会がありました。

日中関係がぎくしゃくしているとき、玉三郎さんが『昆劇《こんげき》』という中国の古典演劇の主役を演じていたことから、日本と中国の関係についてどう感じているかを聞こうと考えたのです。

ぼくはいつも以上に緊張《きんちょう》していました。その少し前に、核兵器《かくへいき》を密かに開発しているのではと疑われていたイランの大統領にインタビューしたのですが、そのときとは問題にならないくらいの緊張ぶりだったと思います。

それは玉三郎さんが一瞬《いっしゅん》にして相手を見抜《みぬ》く力を持っているように思えたからでした。

ぼくなんてすぐに見透かされてしまうかもしれない。そんな怖《こわ》さを抱《いだ》きながら、インタビューにのぞみました。

それが災いしたのでしょう。

インタビューは最初からぎくしゃくしていました。

日本人でありながら、中国の『昆劇』の主役を演じることになったきっかけについて尋《たず》ねると、玉三郎さんの瞳《ひとみ》にわずかに戸《と》惑《まど》うような光が浮《う》かびました。

インタビューには、向きあっているふたりだけが感じる間合いのようなものがあります。相手の心の動きは、それがたとえかすかな揺《ゆ》れでも、自然と伝わってくるものなのです。

またそこから話させるつもり？

玉三郎さんの瞳はそう言っているように思えました。

ぼくは震《ふる》えあがりました。

おそらく、主役を演じることが決まってからずいぶん時間がたっていたため、そのことはすでに何度も聞かれた問いだったのです。実際、事前に読んだ雑誌のインタビューでも、その理由を玉三郎さんはしっかりと説明していました。

ぼくはその瞬間、念のため聞いておこうと思っていた質問をすべて捨てて、本当に聞きたいことだけに絞ることにしました。

それから玉三郎さんは、中国と日本の関係や、それが『昆劇』の話を進めることにどう影響《えいきょう》を与《あた》えたかについて語ってくれました。

そして、彼《かれ》の口からこんな言葉が出たのです。

「中国人は、ラテン系な感じです」

ぼくは身を乗りだしました。

中国とラテン系という言葉は、まるで相容《あいい》れないように思えたからです。

「どういうところがですか？」

ぼくはその意味について繰り返し尋ねました。

玉三郎さんによると、中国人は徹底《てってい》して論理的にしゃべりながら、あるところまで行くと論理を飛び越えて、あっさりと現実を受けとめていく。どんなに気まずい雰囲気になっても、食べて飲めば歌い始めてしまうようなところがあるといいます。そんなところが「ラテン系」に見えるというのです。

聞こうと思っていたのは日本と中国の関係の悪化をどう感じているかであり、玉三郎さんの中国人論を期待していたわけではありません。でも「中国人はラテン系」をきっかけに、ぼくは中国人論を問い続けました。そしてそれは、そのインタビューのなかで、最も刺激的《しげきてき》なやりとりになったのです。

もしかしたら、みなさんは予定通りいったほうがいいと思うかもしれません。そうすれば破たんすることもないし、確かに安心でしょう。でも事前に想定するものなど、たかが知れています。予想していなかった言葉に出会う、それをきっかけに予想外の方向に行くほどインタビューは面白いのです。

油断してしゃべりすぎないようにしよう

みなさんも、テレビで記者会見の様子を見たことがあると思います。

世間の注目度が高い会見はホテルなどの広い会場で開かれ、カメラも何十台、記者にいたっては数百人集まることもあります。カメラマンがシャッターをきるたび、まぶしいほどのフラッシュがたかれるシーンを見た記憶《きおく》があるのではないでしょうか。

そうした会見はスキャンダルか、有名タレントの結婚《けっこん》などということになるのでしょうが、もっと静かな会見も日々たくさん開かれています。日本の行政の中枢《ちゅうすう》である霞《かすみ》が関《せき》でも、政府が閣議を開く火曜日と金曜日に、大臣が定例の会見を開くほか、何かあるごとに臨時の会見が開かれます。

こうした会見は、都道府県、市町村単位でも行われ、民間企業《みんかんきぎょう》でもことあるごとに開かれていることを考えると、日本だけで毎日、数百、あるいは数千にのぼる会見がとり行われていることになります。さらに世界中で考えると、もう気の遠くなるほどの数になるでしょう。

記者会見では、たいていひな壇《だん》の上に会見を開く人（あるいは人たち）が並び、まず言いたいことを述べたあと、質疑応答へと続きます。会場に集まった記者たちは挙手を求められ、さされると、立ち上がって所属しているメディアと自分の名前を言ってから（たとえば新聞記者であれば、○○新聞の○○です、といった具合です）、質問を発します。なんらかの不正をめぐる会見となると、隠《かく》したい主催者《しゅさいしゃ》側と、情報をださせたい記者たちのあいだで、やりとりが紛糾《ふんきゅう》するケースもあるでしょう。

問いを発することで、相手からなんらかのコメントを引きだすという意味では、会見もインタビューも同じです。会見という名のインタビュー。そう呼んでもいいかもしれません。

ぼくも数えきれないほどの会見に出ましたが、困るのは長い質問です。簡潔に短く聞けばすむところを、まず自分の経験や自分の考えていることをとうとうと披露《ひろう》したうえで、最後にとってつけたように質問するのです。なかには長い演説をぶっているうち、そもそも何を聞きたかったのかを忘れてしまって、座る人もいます。

会見の時間は限られていますから、そんなとき、ほかの記者たちは苛立《いらだ》ってしまいます。その人のせいで、自分が聞く時間がなくなってしまうからです。聞く側だけでなく、答える側も戸惑っているに違いありません。

会見だけではありません。長い質問でまず頭に浮かぶのは、国会のやりとりです。質問しているはずの政治家が、自分の意見を得意げに述べているうちにどんどん時間がたってしまう。そんな場面を何度見たことでしょう。政治家は自分の主張を訴《うった》えるのが仕事みたいなところがあるから、質問することには慣れていないのかもしれませんが、それにしてもです。相手がほとんど答えないうちに、貴重な質問時間が終わってしまうことも少なくありません。

そうした場面を目《ま》のあたりにするたび、ああ、ぼくも気をつけようと自分を戒《いまし》めます。それは一対一のインタビューでも同じです。

人はしゃべりたい動物ですから、質問するはずの人がつい話してしまう。もちろん、質問の趣旨《しゅし》を理解してもらうためには、それなりに説明してから、問いに入らなければわかってもらえない場合もあります。それでも、その説明部分をどれだけ簡潔に整理して相手に伝えるかはとても大切です。

質問する側が油断してしゃべりすぎないこと。あたりまえのことのように見えて、つい陥《おちい》りやすい罠《わな》なのです。

沈黙《ちんもく》が相手の言葉を引きだすこともある

日本の記者の取材の方法のひとつに、『夜回り』と呼ばれるものがあります。昼間なかなか会えない相手の自宅を夜訪ねて、話を聞くのです。おそらく海外にはあまりない手法ですが、日本では長いあいだの慣習としていまも続いています。

夜回りをする目的は、特ダネ（スクープ）をとること。特ダネとはほかのメディアがまだ報じていない大きなニュースのことです。他社を出し抜いて、埋《うず》もれている大事なニュースを自らの手で世に問いたい。そんな思いで、毎晩夜回りにいそしんでいる記者はたくさんいます。

そうした夜回り合戦のなかで、しょっちゅう特ダネをとってくる記者がいました。特ダネ記者という言葉の響《ひび》きは、押《お》しの強い人物像を想像させるかもしれません。でもその記者は物静かで、敏腕《びんわん》記者というよりは学者のような雰囲気をかもしだしていました。

その彼がどうやって相手から情報をとってくるのか、競争相手のほかの記者たちにとって、大いなる謎《なぞ》でした。

ところが、後にその理由が垣間《かいま》見えた瞬間がありました。

古い仲間たち、取材していた側もされていた側もが、一堂に集まって食事をした席でのことです。

昔話に花が咲《さ》いていたとき、取材される側にいたある人が、その記者についてこうもらしたのです。

彼は夜回りにやってきても、ほとんどしゃべらないから、沈黙に耐《た》えきれなくなってつい話してしまうんだよ。

目からうろこでした。

事実を並べることで逃《に》げ道をふさぎ、相手に認めさせる。そんな方法ではなく、じっと黙《だま》っていることで相手に話させる。そんなことがあるんだと驚《おどろ》きました。

もちろん誰《だれ》でも黙っていれば、相手が話してくれるわけではありません。彼には相手にそう思わせる何かがあったのでしょう。

それでも沈黙が相手の口を開かせるという話は、ぼくに大事なことを教えてくれました。インタビューでも似たところがあると、気づいたのです。

質問に対して、相手からすぐに答えが返ってこない。そこに『間《ま》』ができると、聞き手の心につい不安がよぎります。問いが理解されなかったのだろうか、あるいは質問の仕方が悪かったのだろうか。そんなとき『間《ま》』に耐えきれずに、つい二の矢を放ってしまうものです。

たとえば「あなたはあのとき、どんな気持ちでしたか」と質問するとします。相手から答えが帰ってこない。もしあなたがすぐにしびれを切らせて、「悲しかったですか?」と二の矢を放ったら、相手はどう反応するのでしょう。もしかしたら、うなずくだけで終わってしまうかもしれません。あるいは「そうですね、悲しかったですね」という答えになってしまうかもしれない。あたりまえじゃないかと反感を持たれてしまうことだってあるでしょう。こうした二の矢は、ややもすると誘導尋問《ゆうどうじんもん》のようになってしまいます。

何よりもう少しだけ待てば、相手はそのときの感情を表す心からの言葉を発したかもしれないのです。悲しいというような一般的《いっぱんてき》な言葉ではなく、思いもしない深い言葉を耳にできる瞬間を、二の矢を放つことで失ってしまったかもしれないのです。

だからぼくは相手からすぐに答えが返ってこなくても、しばらくは待つようにしています。その『間《ま》』が生みだすかもしれない、宝石のような言葉を待ちながら。

答えが長い相手への対処法

長いといえば、インタビュアーにとって、答えが長い相手はなかなかやっかいです。ひとつの問いに対して、要領をえない答えをえんえんと述べられると、時間がいくらあっても足りなくなります。

ある学者さんにインタビューしたときのことです。何を聞いても、「いいですか、そもそもこの問題は……」と、歴史を一から紐解《ひもと》こうとします。理解を深められるようにという親切心からなんでしょうが、欲しい答えにたどりつくまでに気が遠くなるような時間を要するのです。インタビューをしているというよりも、なんだかその先生の講義を受けているような気になったものです。

こんな人もいます。細かいエピソードを思いつくまま、あんなこともあった、こんなこともあったと、えんえんと語り散らす人です。こうした相手も、聞くべきことを聞けないまま、気がつくとどんどん時間がたってしまっている、という状況に陥ります。

その人の癖《くせ》というか、長年の習性で身体《からだ》に沁《し》みついていることだとしたら、こちらの都合でそんなに簡単に変えられるものではないし、もし短く話してくださいとお願いするにしても、言い方を間違えると相手の気分を害してしまったり、緊張を強いる結果になったりします。

そんなとき、どう対処すればいいのでしょう。

ぼくはこうすることにしています。

最初の質問で、だいたい相手がどのくらいの長さで答えを返してくる人なのかわかります。もしこれは相当長いぞ、と思ったら、すぐに気持ちを切りかえます。こんなふうに話を聞いて、こんな答えが返ってきたら、こう話を展開しよう、と事前にインタビュープランでシミュレーションしていたイメージをきれいさっぱり捨て去り、大事なポイントから聞いていくのです。これだけは聞きたいと思っていた、優先順位が最も高い問いをぶつけるのです。あれも聞こう、これも聞きたいという思いをぐっと押し殺して。前に話したように、インタビューで大事なことは、事前に充分準備するけれど、始まったらすべてを忘れて流れに身をまかせること。そういう意味でも、相手の話が長いなあと思ったら、その状況にあわせて聞いていく質問を絞りこむことが大事だと思います。それでもうまくいかないことがあります。ひとつめの質問から、答えが返ってくるかどうかもわからないほど横道にそれてしまったりしたら、もう真っ青になります。このまま何も聞けないうちに、タイムアウトになってしまうかもしれない。

そうなってしまったら、インタビューする側だけでなく、インタビューされる側からしても、せっかく時間をとったのにという結果になりかねません。ですから、そうした場合、ぼくはやんわりと釘《くぎ》をさします。

たとえばこんな具合です。

「とても興味深いです。できればずっと聞いていたいのですが、時間が限られています。せっかくいただいた貴重な時間ですので、できるだけたくさんのことをお聞きできればと思います。ですから、少しだけでけっこうですから、答えをコンパクトにしていただけないでしょうか」

いきなり冒頭《ぼうとう》で言うよりも、少し様子を見て、まずはじっくり相手の話に耳を傾《かたむ》けてから、切りだすのがいいと思います。

こうした人たちの話が長いのは、善意からと言ってもいいでしょう。ですが、やっかいなのは、確信犯でしゃべり倒《たお》そうとする人です。

これは日常のインタビューではあまりないと思いますが、政治家へのインタビューではときに起こります。

政治家は自分の主張を述べたい。しかしインタビュアーは自分の聞きたいこと（国民が聞きたいと思っているであろうこと）を質問したいと思います。もちろん政治家によりますが、耳触《みみざわ》りの悪い質問に苛立つタイプの政治家は、たいてい質問を無視するか、正面から答えずに、自説をとうとうと語ります。さえぎろうとすると、ちょっと待ってください、ちゃんと私の話を聞いてください、と言って、あくまで続けようとする人も少なくありません。

こうしたケースに対処するのもなかなか難しいものです。人間ですから、こちらもつい感情的になってしまいがちですが、そこはぐっとこらえることです。そして、どうしても相手が一方的にしゃべり続けるのをやめなければ、その様子を活字や映像で世に出し、最後は読者や視聴者《しちょうしゃ》に判断をゆだねればいいのです。

話す内容よりも、ときに振《ふ》る舞《ま》いによってその人の人間性が残酷《ざんこく》なまでに出てしまう。それもまたインタビューなのだと思います。

答えが短い相手への対処法

答えが長い人について話しましたが、短い人もそれと同じくらい、いやもしかしたらそれ以上にインタビュアー泣かせかもしれません。

何を聞いても「はい」と「いいえ」でしか答えない。話したとしても、申し訳程度に言葉を添《そ》えるだけ。答えが極端《きょくたん》に短い人に質問をぶつけなければならない状況ほど、不安に駆《か》られることはないかもしれません。この人、怒《おこ》ってるんじゃないだろうか、あるいは自分がいきなり何か失礼なことを口にしてしまったんじゃないか。

いや、そもそも話す気がないのかもしれない。でも、待てよ、もしそうだったらインタビューになぜ応じたのだろう。

そうですよね、インタビューに応じてくれたのですから、話したい気持ちがあるということですよね。それは間違いないのです。そう思って、まず気を取り直しましょう。

じゃあ、相手はなぜこんなに答えが短いのか。

もしかしたら、シャイなのかもしれないし、いろいろと話してもいい相手なのか、こちらを値踏《ねぶ》みしているということだって考えられます。

なんてことを考えても、状況を打開できるわけではありませんから、まずはジャブを繰りだしてみることです。こう聞こう、ああ聞こうという事前のイメージをすべて捨てて、思いつくあらゆる角度から問いを発してみるのです。それに対して短い答えだったとしたら、「それはどうしてなんでしょう」と、くいさがってみます。

何かを好きだと言われたら、

「どうして好きなんでしょう？」

「理由はわからないけど、好きなんだなあ」

「どんなところがですか？」

「どこがというわけじゃない」

「全体が、ということですか？」

「そうかもしれない」

「じゃあ、いつから好きなんでしょう？」

「ずいぶん前かな」

「いつごろですか？」

「さあ、五年くらい前かな」

「何かきっかけが？」

「気がついたら、好きになってた」

「好きになったと意識した瞬間は覚えています？」

「さあ、本当に気がついたらという感じだった」

「いまも好きなんですか」

「ああ」

「どうしてそんなに長いあいだ？」

「さあ、好きなものは好きなんだ」

お前、話す気ないんかい、と突《つ》っこみを入れたくなりますが、聞いている人間が、掘《ほ》り下《さ》げるべきでないところを深追いしているだけなのかもしれません。

ぼくもこうした状況に追いこまれたことが、何度もあります。

あるとき何を聞いてもほとんど答える気がないと思ってしまうほど、そっけない言葉しか返ってこない人がいました。不機嫌《ふきげん》なんだろうか、こちらの聞き方が悪いんだろうかと、心穏《おだ》やかではいられなくなりました。とりあえず、いろいろな質問をぶつけてみるしかない。そう思って問いを続けているうち、ふと思いました。もしこうしたやりとりがこの人の個性だとしたら、答えの中味よりも、そうしたそっけない会話自体がこの人の人間性の一端《いったん》を示しているのかもしれない。それならば活字であれば読者に、テレビであれば視聴者にそれを見せればいいのかもしれない。

要するに、答えは短くてもいい、このままでいいんだと思うことにしたのです。

そう思ったとたん、ぼくは肩の力を抜いてインタビューにのぞめるようになりました。無理にいろいろな質問をして、何かしゃべらせようと躍起《やっき》になる必要もないのです。ぼくは流れに身をまかせることにしました。

すると、というか、偶然《ぐうぜん》にというべきか、あるテーマに移ったとたんに、無口だったはずの相手が、饒舌《じょうぜつ》にしゃべり始めたのです。まるでその話題を待っていたかのように。終わってから思いました。この人は決して意地悪をしていたわけではなく、ふだんはそっけないけれど、しゃべるべきときにはちゃんと話す。ただ彼が話したい話題、ホットスポットとでもいうべき所を、自分が見つけられなかっただけなんだ、と。

もし答えは短くていいんだと割りきれなかったら、焦《あせ》って強引《ごういん》にしゃべらせようとしていたでしょう。そうしたら、そのホットスポットにたどりつけたかどうか、わかりません。

それ以来、ぼくは答えの極端に短い人に出会っても、それを楽しむように心がけています。相手と一緒《いっしょ》にゆっくりと散歩するような気持ちで。

反対の立場から尋ねてみよう

しばらく前のことです。

国の財政が悪化していくなか、予算が正しく使われているのかきちんとチェックして、減らすべきものは減らしていこう。そうした考えのもと、公聴会《こうちょうかい》のようなものが行われました。

そこでやり玉にあがったひとつが、次世代のスーパーコンピューター開発の予算でした。日本は技術立国としてここまで豊かになったのだから、日本の将来のためにもそうした予算を減らすべきではないと、科学者たちは主張しました。

それに対して、ある女性の政治家が「世界一になる理由は何があるんでしょうか？」と言ったあと、こう聞いたのです。

「二位じゃダメなんでしょうか？」

これはすごい質問です。科学技術の分野で世界一を目指すということは、異議を申し立てにくい問いだからです。

いっせいに反発が起こりました。その場にいた科学者のみならず、テレビでその場面を観《み》た視聴者からも批判の声が相次ぎました。

「技術がまったくわかっていない人間の質問だ」

「一位を目指さなければ、二位も三位もとれない」

「そんなことを言っているから、日本は後《おく》れをとってしまうんだ」

もうたいへんな騒《さわ》ぎになりました。

みなさんは、彼女《かのじょ》が口にしたこの質問をどう思うでしょうか。

ぼくはそれほど目くじらを立てなければならない質問だとは思いません。あたりまえだと思われていることに対して、それとは違う立場から問いを発することで、論点がはっきりすることがあるからです。しかも国の予算となると、国民の大事な税金を使うわけですから、本当に必要かどうかを見極めなければならないのです。

反発が起きたのは、質問が人の神経を逆なでするような聞き方だったこともありますが、何より質問した女性議員が「一番でなくてもいい」と考えている、と思われたことでしょう。この結果、「一番でなくていいとは何ごとか」、「この女は何もわかっていない」といった感情的な反応が引き起こされたのでしょう。

彼女がスーパーコンピューターの分野で日本が世界一でなくていいと思っていたのかどうか、ぼくにはわかりません。でもそんなことは、どちらでもいいと思います。大事なのは、一歩先にまで議論を進めることです。

「二位じゃダメなんでしょうか？」

この質問に対して、科学者たちがスーパーコンピューターで世界一を目指すことがどれだけ大事なことかを説得力をもって説明すれば、聞いている人も「なるほど」と思ったでしょう。スーパーコンピューターで世界をリードすることの重要性について、もう一度考えてみるチャンスだったはずです。

ただ、たとえ自分で思っていないとしても、問いを発したとたんにそれは自分の意見であるととられるリスクがあるのは確かです。そうなると会話にならず、感情的な反応を引き起こすだけで終わってしまう恐《おそ》れがあります。

それを避《さ》けるために、こんなふうに聞くことも可能です。

「二位ではダメなのかと聞かれたら、どう答えますか」

「二位ではダメなのかという声があるとしたら、どう反論されますか」

仮定の話にしてしまうか、第三者の声としてぶつけてみるのです。そうすれば少なくとも「てめえ、そんなこと言いやがって」という直接的な反発は避けられるのではないでしょうか。

逆の立場から、尋ねてみること。それは本質を引きだすきっかけになりうるのです。

第5章

さらに話を深めるために

WORLDLY WISDOM FOR 14 YEARS OLD

インタビューだからこそ聞けることがある

あなたは、ふだん友だちと話をするとき、どんなことを話していますか。

ほとんどは、たわいのない話じゃないでしょうか。ぼくはそうです。あの店はおいしかっただの、あそこは面白いだの、あの映画は最高だったとか、まあどうでもいいような話がほとんどです。

いまどんなことを考えているのか、あるいはどんなことに心を悩《なや》ませているのかといった部類のことは、自分からわざわざ話したりしないし、相手にも聞きにくい。立ち入ったことを聞いてしまって、相手に嫌《いや》な思いをさせてしまうかもしれないからです。

そうなると自然とあたりさわりのない話になっていきます。まあそれはそれですごく楽しい時間なんですね。しかめ面で深刻な話を披露《ひろう》しあうより、それぞれが悩みや問題をかかえながらも、軽やかな会話を交わす。それがときに心地よかったりもするものです。

でも同時に、ぼくたちはそれだけでは心が満たされないことも知っているし、たわいのない話以外にも、とても大切な話があることをわかっています。

それを正面から聞けるのが、インタビューの場ではないかと思います。

ある人がこれまでどんなことを考えて生きてきたのか、そしていまは何を思い、これからどんなことをしたいのかなんて、照れくさくてなかなか聞けませんよね。そうしたことは、ふだんは正面からは聞かず、その人が日常生活でふともらす言葉や、ちょっとした仕草、いざというときの行動などから感じとるものでしょう。

でもふだんなら口にしにくいような、そうした問いも、インタビューという場なら不思議と聞けてしまうものです。それは聞くほうだけでなく、答えるほうにも言えることだと思います。インタビューという、ある意味、非日常の設定なら、答えるほうも照れくさくなく自分の思いを語れるかもしれません。

仲間同士で、ときに役割を決めてインタビューをしてみてはどうでしょう。

相手がバスケット部に入っているなら、バスケットについてとことん聞いてみるのも手でしょう。バスケットとの出会い、なぜバスケット部に入ろうと思ったのか、バスケットの最大の魅力《みりょく》は何か、練習で心がけていること、いままで一番何がつらかったか、自分の得意なところと苦手なところなど、聞こうと思えば、いくらでも質問は浮《う》かんできます。そして次の機会には、攻守《こうしゅ》を変えてあなたがインタビューされる側に回るといいでしょう。

インタビューだから聞けることがある。逆に言えば、インタビューでなければ聞けないこともあるのです。それはもしかしたら、互《たが》いのコミュニケーションを深めるチャンスになるかもしれません。

「どう答えるかわからないものは、聞けません」

先輩《せんぱい》からこんな話を聞きました。

テレビディレクターである彼《かれ》は、番組でインタビューをする女性アナウンサーと質問項目《こうもく》について、打ちあわせをしていました。どんなふうに聞いていくか、順番に質問を確認しているときに、彼女《かのじょ》がこう言ったそうです。

「この質問に、相手はなんて答えるんですか？」

質問によっては、相手がどう答えるか想像がつくものもあります。ですがその質問に関していえばどう答えるのか、質問案を作った同僚も見当がつきませんでした。でもだからこそ、彼にとっては興味の惹《ひ》かれる質問であり、女性アナウンサーに聞いてほしい問いだったのです。

そんな気持ちを伝えると、彼女はこう言ったそうです。

「どう答えるかわからないものは、聞けません」

ぼくはその話を聞いて、びっくりしました。

最初は意味がわかりませんでした。どう答えるかわからない質問は、どうしてしたくないのだろう。どう答えるかわからないからこそ、聞く意味があるんじゃないだろうか。

あらかじめ答えがわかっているなら、聞く必要もないじゃないか。

でも周りの人に話を聞くうち、そう思っている人は決して少なくないのではないかと思うようになりました。

相手がどう答えるかがわかっている質問、つまり相手としても、答え慣れている質問なら、安心して言葉を返せる。でもどう答えるかわからない質問は、相手からしたら聞かれたことのない質問かもしれない。とすると、どう答えたらいいのか途方《とほう》に暮れてしまうかもしれない。

要するに、どう答えるかわからない質問は、相手を困らせてしまう可能性がある。もし自分が聞かれるほうの立場だったとしても、答えられずおろおろするのは嫌だし。

そんなふうに考えて、日常生活でも、どう答えるか想像できない問いはぶつけない、あるいはぶつけるのを躊躇《ちゅうちょ》するという気持ちが働くようです。

でもそれで質問するのをやめるとしたら、なんだかもったいないなあ、と思います。

もちろん相手を気遣《きづか》うことはとても大事なことですが、気まずい瞬間《しゅんかん》を恐《おそ》れるあまり、新しい世界に踏《ふ》みこむチャンスを逃《のが》しているような気がします。どう答えるかわからない問いこそ、相手の新しい面を発見できるかもしれない。そうすれば、相手ともっと仲良くなれることだってあるかもしれないのです。

「どう答えるかわからないものは、聞けません」

そう言った女性アナウンサーが、本当はどんな思いでその言葉を口にしたのかは、わかりません。答えがわかっていれば、それに対してどうリアクションすればいいか、あらかじめ考えておける。でもわからなければ、その場で対応しなければいけないし、それがうまくできなければ、恥《はじ》をかいてしまうかもしれない。もしかしたら、そんなふうに思ったのかもしれません。

でも知っている道ばかりを歩くより、知らない道を行くほうが楽しいと思いませんか。この先の角を曲がったら、まったく新しい風景が広がっているかもしれないのです。

問われることで発見することもある

ふだんの生活のなかで誰《だれ》かに問いかけられて、はっとした経験はないでしょうか。「どうしてお前は他人の話を聞かないんだ」と言われたらどうでしょう。言われる相手にもよるとは思いますが、もし自分はちゃんと他人の話を聞くと思っていたとしたら、はっとするかもしれません。もしかしたら周りからはそう見えるのかもしれない、あるいは自分が思っているだけで、実際には他人の話をきちんと聞いていないのかもしれない。

心の奥《おく》を覗《のぞ》きこまれたようで、はっとすることもあるかもしれません。

「お前、◯◯ちゃんのこと好きなんじゃないの？」

な、わけないだろう、と反論するかもしれません。でもそう言われることで、それまで意識してなかったけど、自分は◯◯ちゃんのことが好きなのかもしれないと思うかもしれません。意地悪したり、妙《みょう》にかまったりしていたのは、そういう気持ちがあったのかもしれない。いや、そんなことない。いや、そうかも。葛藤《かっとう》しているうちに、気がついたら、その女の子のことばかり考えている。

問われるということは、何かを発見するきっかけにもなるのです。

そのことに気づかせてくれたインタビューがあります。

話を聞いた相手は、バレリーナである吉田都《よしだみやこ》さん。

彼女はイギリスのロイヤルバレエ団のプリンシパルを長くつとめました。プリンシパルとは主役を踊《おど》るバレエダンサーのこと。バレエの本場であるヨーロッパで一、二を争う代表的なバレエ団のトップだったのです。

誰にも負けないほどの高い技術と繊細《せんさい》な動きが彼女の武器でした。でもその一方で、もっと表現力を豊かにすることを求められていました。

彼女を育てた世界的な振付家《ふりつけか》であるピーター・ライト氏は言いました。

「妨《さまた》げになったのは、日本人特有の控《ひか》えめな性格です。都はシャイで自分を表現できずに苦労していました」

でもあるときから、彼女は大きく変わったように、ぼくには思えました。日本での公演を立て続けに見て、前の彼女とは明らかに違《ちが》うと感じたのです。技術の質の高さだけでなく、観客をわしづかみにして、すべてを味方につけてしまうような存在感を獲得《かくとく》しているようでした。

それをピーター・ライト氏にぶつけてみて驚《おどろ》きました。彼も同じことを感じていたというのです。ぼくのような素人《しろうと》だけでなく、彼のようなプロ、しかも彼女をずっと見続けてきた人物も同じことを感じていたというのです。

ぼくは知りたくなりました。

なぜ彼女は人を感動させることができるようになったのか、そして人を感動させるものとはなんなのだろう。

これは仕事ではありませんでした。個人的にどうしても聞いてみたくなったのです。前に一度インタビューしていたこともあり、彼女は忙《いそが》しい合間に時間を作ってくれました。

東京都内にあるカフェで、ぼくがそのことを切りだすと、彼女は首を傾《かし》げました。

「そう言ってもらえるのはうれしいけれど、自分ではよくわかりません」

「でも何か、自分のなかで変化があったのではないですか」

ぼくはそう続けました。

彼女は考えこみ、そのたびぼくは問いかけました。

すると、彼女がふと思いついたように口を開いたのです。

「もしあるとしたら、怪我《けが》が影響《えいきょう》しているかもしれません」

そう言ってから、都さんはゆっくりと記憶《きおく》をたどっていきました。

彼女は五か月前に、ひどく腰《こし》を痛め、動けなくなってしまいます。でもそれは最も怪我をしてはいけないときでした。イギリスのテレビ局ＢＢＣが翌日の舞《ぶ》台《たい》を生中継《なまちゅうけい》することになっていたのです。ＢＢＣがロイヤルバレエ団の公演を生中継するのは十年以上ぶりのこと、それは彼女にとって、文字通り晴れ舞台となるはずでした。

でも腰はダンサーの命、踊れるはずもありません。

彼女はひどいショックを受け、代役がつとめたその舞台の放送を観《み》ることすらできませんでした。

しかもあまりの痛さから、もう二度とバレエを踊ることができないのではという恐怖《きょうふ》が、彼女を襲《おそ》いました。

そのとき助けてくれたのが、友人たちでした。食事の支度から、身の回りの世話まで、友人たちがすべてやってくれたのです。

そのときです。

すべてを犠牲《ぎせい》にしてバレエを優先してきた彼女の心のなかに変化が起きます。

「ずっとバレエが一番でした。でもわかりました。バレエよりも大切なものがあることを。家族や友人、そして人が何より大事だと」

彼女は穏《おだ》やかな表情で続けました。

「バレエが一番じゃなくなったんです」

その台詞《せりふ》を聞いたとき、ぼくは震《ふる》えるほど感動しました。バレエのためにすべてを手放してきた彼女が、バレエより大切なものを見いだした瞬間、その踊りは観客たちをより惹きつけるようになったのです。

でも、ぼくが感動したのは、そのことだけではありません。

それまでぼくは、インタビューというのは相手の頭のなか、心のなかにすでにあること、を引きだすものだと思っていました。でも都さんへのインタビューは違いました。彼女は何度も問いかけられたことで、自分の踊りがより観客の心を震わせるようになった理由に、初めて思いいたったのです。

インタビューとは相手の意識のなかにすでにあることを引きだすだけではない。相手のまだ気づいていないことを引きだすことも、またインタビューなんだ。

その発見に、ぼくは感動したのです。

彼女が無意識の領域に光をあてて凝視《ぎょうし》しようとしてくれたことに、感謝しています。そのときから、ぼくのインタビュー観は大きく変わりました。問われることで相手も新たな発見をするような、そんなインタビューをしてみたいと願うようになりました。それはインタビューする側にとっても、される側にとっても意味のある時間になるのではないでしょうか。

問われることで救われることもある

アメリカにラリー・キングという名前のインタビュアーがいました。

彼はケーブル・ニュースチャンネルＣＮＮで、二十五年続いたインタビュー番組を持っていました。番組の名は『ラリー・キング・ライブ』。政治家、経済人、スポーツ選手、ハリウッドスターから芸術家、さらには事件の渦中《かちゅう》にいる人間など、ありとあらゆる分野の人をゲストとして呼び、一時間にわたって話を聞くスタイルでした。

初めて番組を観たとき、驚かされたのは、彼のしゃべりの早いこと。これでもかというほど、矢継《やつ》ぎ早《ばや》に質問をあびせかけます。ゲストから見れば、まるでラリー・キングの質問がシャワーのように降り注いでくる、という状況《じょうきょう》に置かれるのです。これではゲストは神経が参ってしまうだろうから、みな一度経験したら出演するのが嫌になるだろうと、ぼくは思っていました。

ところがそれはまったくの見当はずれでした。めったにテレビに出ないのに、彼の番組なら、といって出演するゲストも少なくないというのです。

どうしてなのだろう。

ぼくは理解ができませんでした。でもしばらく見続けているうちに、だんだんその理由がわかるような気がしてきました。

たとえばスキャンダルが発覚し、批判にさらされていた女優がゲストに出たときのこと。

彼女が失意のどん底にあったとしても、ラリー・キングは遠慮《えんりょ》するどころか、いつもと変わらず質問をぶつけ、相手はそれに答えていきました。一時間たっぷり、ふたりのやりとりが繰《く》り返されたあと、ぼくは彼女の表情を観てはっとしました。失意のなかにいたはずの彼女が、どこか晴々とした顔をしていたのです。

もし遠慮をしながら、もっといえば腫《は》れ物《もの》に触《さわ》るように聞いていたら、どうだったでしょう。たぶんそうはいかなかったでしょう。

ラリー・キングは遠慮せずに質問することで、あなたの身に起きているのは大したことじゃない、大丈夫《だいじょうぶ》だというメッセージを、結果的に相手に送っていたのではないか。女優からすれば、遠慮せずに聞かれたことで、自分は肯定《こうてい》されていると感じることができたのではないか。そして洗いざらいしゃべることで、気持ちが落ち着いたのではないだろうか。まるで教会で信者が神父さんに懺悔《ざんげ》をするように。

ぼくはそのとき、インタビューが持っている、もうひとつの側面を見たような気がしました。問われることで救われることもあるのかもしれない。

それはどこか精神科医によるカウンセリングにも似ています。

インタビューは、癒《いや》しになることもあるのです。

日常生活でも同じだと思います。友だちと深刻な話をするのは面倒《めんどう》だから、ついあたりさわりのないことばかり話してしまう。それがふつうかもしれません。でも人に話すということは、癒しにもなるのです。自分ひとりでは出口が見えないときは、思いきって誰かに話を聞いてもらってはどうでしょう。

相手が嫌《いや》がることをあえて聞くには

子どものころ、ぼくは自分の鼻にコンプレックスを持っていました。

祖母がだんご鼻で、ぼくもよく似た鼻をしていました。なんとか細くならないかと、洗濯《せんたく》バサミで鼻を挟《はさ》んで寝《ね》たこともあるほどです。

友だちから「どうしてだんご鼻なの?」と言われて、顔が真っ赤になったこともあります。人が気にしていることを、どうしてわざわざ言わなきゃいけないんだよ、と。

経験からいうと、努力でどうにもならないことは聞かないほうがいい。「なぜだんご鼻なの?」という問いも、その類《たぐい》の問いに入るでしょう。いまとなってはなんとも思いませんが、子どものころは妙に傷つくものです。

他人が嫌がる質問にもいろいろあります。努力ではどうしようもないことは聞かないほうがいいにしても、いいことだけを聞いていられないときもあるでしょう。

もしあなたが、部活動の主将や部長をしている、学級委員をしている、図書委員や清《せい》掃《そう》委員をしている、とかなんでもいいのですが、責任のある役割を与《あた》えられているときはそんな場面に遭遇《そうぐう》するでしょう。そうでなくても、仲間内で目に余るほど和を乱す奴《やつ》がいれば、誰かがそれをたしなめなければならないし、友だちが納得できない行動をとったら、嫌がられても聞かないわけにはいかないことも出てくるでしょう。

大人になると、相手の嫌がる質問をもっと頻繁《ひんぱん》にしなければならなくなると言ってもいいと思います。会社などの組織では、誰かがひどく迷惑《めいわく》をかけたり、チームの輪が乱れたりすると、会社の利益にも直結しますので、そのまま放っておくわけにはいかなくなるからです。

そんなときどんな問いかけをするか。

前に、価値判断を加えずに聞くことの大事さ、質問は相手を裁くためにあるのではないという話をしました。相手が嫌がる質問をするときは、特にこのことを心に留めておいたほうがいいように思います。

そしてもうひとつ、ぼくが心がけていることがあります。

仕事柄《しごとがら》、相手が嫌がる質問をしなければならない場面は少なくありません。総理候補の政治家にインタビューしたときなど、応援《おうえん》する国会議員たち二十人ほどに囲まれるなかで最も嫌がられる質問をしたこともありますし、核兵器《かくへいき》を開発していると疑われていたイランの大統領に話を聞いた場面でも（このときも大統領の側近や屈強《くっきょう》なボディーガードたちに囲まれていたのですが）、核兵器を開発しているという疑惑について執拗《しつよう》に問いました。

政治家ばかりではありません。

人は嫌な質問をされたとき、どう振《ふ》る舞《ま》うか。そこに人間の器が出たりするため、そうした質問をしてみることもあります。感情的になって攻撃《こうげき》し返してくる人もいれば、たとえ嫌な質問であっても冷静にきちんと答える人もいる。実にさまざまです。相手の人間性を探るインタビューでは、ちょっと意地悪かもしれませんが、あえて嫌がる問いをぶつけてみることもあるのです。

そんなとき、ぼくは相手に対する敬意を忘れないことを心がけています。

そうすれば、インタビュアーという役割として聞いているのであって、人間としてこっちが正義の側にいるという上から目線ではない、という姿勢を相手に感じてもらうことができるのではないでしょうか。

これは、価値判断を加えずに聞く、ということにもつながってきますが、とても大事なことだと思います。

友だち同士でも同じです。正義の側に立って嫌がる質問をすると、相手は反発します。自分は役割として聞いているのであって、こっちが正義だからではない。嫌な質問をするときこそ、ひとりの人間として相手に敬意を払《はら》いながら淡々《たんたん》と聞くことです。

あえて嫌なことを聞かなければならない。そんなときには答える相手だけでなく、こちらの人間性も問われることになるのです。

相手のつらいことをあえて聞くには

誰でもつらいことを聞かれるのは嫌なものです。聞く側からしても、そっとしておいてあげようというのが人間の自然な感情でしょう。

でもつらいことをあえて話そうとする人がいます。その場合、どんなことを心がければいいのでしょうか。

戦場から帰ってきた兵士にインタビューしたことがあります。

九・一一の同時多発テロのあと、アメリカはアフガニスタンを攻撃し、イラクに侵攻《しんこう》しました。多くの兵士が亡くなり、運よく戻《もど》ってきたとしても、戦場で起きたことを忘れるために酒や麻薬《まやく》に溺《おぼ》れたり、ＰＴＳＤ（心的外傷後ストレス障害）と呼ばれる精神疾患《しっかん》にかかったりして、社会に復帰できなくなる兵士が少なくありませんでした。その実態を取材するために、帰ってきた兵士たちに話を聞いたのです。

小さな部屋の一室で、ある兵士と向きあいました。

その瞬間、背筋が寒くなるような感覚に襲われました。

彼の顔には表情といったものがなく、瞳《ひとみ》も感情がどろりと流れでてしまったかのようにどんよりとしていたのです。

彼はアフガニスタンとイラクというふたつの戦場を経験、エリート集団である特殊《とくしゅ》部隊に所属していました。ところが目の前で、親友の兵士が殺されたのをきっかけに、精神のバランスを欠いてしまっていました。

帰国してロサンゼルスに住んでいたのですが、気がつくと夜中に軍服を身に着け、顔にペインティングをし、銃《じゅう》とナイフを持って外に出てしまいます。そして住宅街に入りこみ、民家を偵察《ていさつ》して回っているといいます。

戦場にいたときの激しい緊張《きんちょう》がとけないというのです。

そのため街で見知らぬ人をいきなり殴《なぐ》り倒《たお》したり、パーティーで身体《からだ》がちょっと触《ふ》れたというだけで、相手のこめかみに銃をあてて引き金を引いてしまったりしたこともありました。たまたま弾《たま》が入っていなかったからよかったものの、もし入っていたら殺人者になっていたのです。

彼はぼくをじっと見つめて言いました。

「感情というものがなくなりました。あなたを殺すことも、あなたの友人を殺すことも、私にはなんの違いもありません。気がつくと人を殺そうとしているのです」

そのときぼくは恐怖に襲われながら思いました。なぜこの元兵士は、つらい体験をこうして話してくれているのだろう。

その兵士を紹介《しょうかい》してくれたのは、戦場から戻ってきた兵士が社会復帰するのを手助けしている団体でした。その兵士も世話をしてもらっているため、仲介《ちゅうかい》に立った団体にインタビューを受けるよう勧《すす》められ、素直に従っただけかもしれません。ですが話を聞いているうち、この兵士自身も自分を晒《さら》すことで戦争がいかに人を狂《くる》わせるのかを伝えたいと考えている、だからわざわざつらい体験を話してくれているんだと思いました。

そう考えると恐怖心も吹《ふ》き飛びました。この兵士の気持ちに答えなくてはと、彼にとっては思いだしたくないであろう体験を、あえて聞き続けました。

もうひとつ、思いだすことがあります。

第2章で話した日航ジャンボ機墜落《ついらく》事故の遺族の方への取材です。

事故のあと遺族会が作られるという話が出ていて、その動きを追う仕事がぼくに回ってきたのです。嫌で嫌でたまりませんでした。肉親を失った家族の心に土足で踏みこむなんて、人間としてやってはいけないことだ、という気持ちもありました。でも仕事は仕事。逃《に》げだすことはできません。

ある日覚悟《かくご》を決めて、ひとりの遺族のもとを訪ねました。息子《むすこ》を失い、後に遺族会の事務局長になる、あの美谷島邦子《みやじまくにこ》さんです。玄関《げんかん》のベルを鳴らすのにどれだけ勇気が必要だったでしょう。近づいては通りすぎ、また戻ってくるということを繰り返したすえ、思いきってベルを鳴らしました。最初はそっとしておいてほしいと言われ、何度か通ったあと、ようやく玄関に入れてもらったのを覚えています。そしてそれから毎日のように彼女のもとへ通いました。

そのとき気づいたことがあります。そっとしておいてもらいたいという気持ちと同時に、なぜ息子が死ななければならなかったのか、その原因が知りたい、二度と同じような事故が起こらないようにしてほしいという思いを、彼女が社会に訴《うった》えたいと思っていることでした。ぼくは記者として、遺族たちのそうした思いをリポートしていきました。

あの事故から三十年以上がたちますが、毎年命日にはお花を贈るなど、いまでも美谷島さんとはつきあいが続いています。

心から思います。あのとき、つらいことを聞くべきではないと、彼女を取材するのをやめなくてよかったと。もしやめていれば、遺族たちの思いを伝えることもなく、三十年にわたるつきあいもなかったはずです。

大事なのは、相手のつらい気持ちを理解しようとつとめること、共感することだと思います。もちろんどうしても嫌だと拒《こば》む相手に聞く必要はありません。でも戦場から帰った兵士も、美谷島さんもつらい体験をかかえながら、同時に訴えたいこともあったのです。その声に、最初から耳をふさぐ必要はありません。

つらいことをあえて聞く。そこから何かが始まることもあるのです。

相手が黙《だま》りこむ質問を恐《おそ》れない

「なぜ人を殺してはいけないんですか」

いきなりそう聞かれたら、あなたはどう答えるでしょうか。

これはぼくもかかわっていたことのある、テレビのニュース番組のなかで飛びだした問いかけです。

終戦記念日にちなんで高校生を集めて、いろいろなことを議論しているときに、ひとりの男子生徒が口にしたのです。ところがスタジオにいた大人たちが、その問いかけにきちんと答えられなかったとして話題になりました。

さらに生徒のこの発言に対して眉《まゆ》をひそめる人もいて、「あたりまえじゃないか」とか、「そうした問いを発すること自体が不道徳だ」という声があがりました。

果たしてそうでしょうか。

この問いについて、少し考えてみましょう。

テレビ番組のなかで、もし大人がきちんと答えられなかったのだとしたら、それはなぜでしょう。

おそらく「人を殺す」という行為《こうい》はいけないことだ、という了解《りょうかい》が誰の心のなかにもあるためだと思います。それは問う必要もないほど当然のことだったのです。疑ったこともないこと、社会のなかで常識と言われるような部類に入る問いについては、ふだん考えてみることもないでしょう。だからこそ、その問いは相手にいきなり足払いをかけるように、意表を突《つ》いたものになるのです。

人を思わず黙らせてしまう質問。

そんな問いはほかにどんなものがあるでしょう。

「私たちはなぜ存在するのか」

いきなりこの問いをぶつけられて、答えられる人がどれだけいるでしょうか。答えるどころか、まず質問の意味を考えることから始めなければならないでしょう。

「なぜ勉強しなければいけないの」

この問いはもっと身近ですね。あなたも一度は発したことがあるのではないでしょうか。

ぼくもあります。母親に勉強しなさいとうるさく言われたとき、思わず言い返した記憶があります。この問いもある意味、その人の人生観を問われるだけに、きちんと答えるのはそんなに簡単ではありません。

だからこそ、「そんなこと考えずにやればいいの」とか、「いい学校に入らないと将来困るのはあなたよ」とか、わかったような、わからないような答えが返ってくるのです。

じゃあ、この問いはどうでしょう。

「友情とは何か」

これもまた難しい。

人によって考え方はさまざまでしょう。

もしインタビューで「友情とはなんだと思いますか」と聞かれたら、ぼくはしばし黙りこんで、自分なりの答えを探すでしょう。

でもこうした根源的な問いこそが、ものを考えるきっかけになると思います。だからこそ、相手が黙りこむような質問を恐れないほうがいい。自分という存在、世界のなりたちを考えざるをえない質問が、あなたの世界を広げるかもしれないのです。

ぼくが大好きな画家のひとりに、ポール・ゴーギャンがいます。そのなかでも最も好きな彼の作品を、アメリカのボストンで目にしたときには言葉を失いました。

絵画もさることながら、問いの形をとっているそのタイトルも、人を黙りこませてしまうのに充分《じゅうぶん》な力を持っています。

「われわれはどこから来たのか、われわれは何者か、われわれはどこに行くのか」

インタビューは冒険《ぼうけん》だ

これまでこの本のなかで、ぼくがインタビューした人々にも登場してもらいました。政治家、作家、俳優、裁判官、遺族など実にさまざまな人々です。明らかに失敗したり、うまくいかなかったインタビュー、そして話が予想外の方向にいってしまったインタビューなど、さまざまな経験から学んだことについて話しました。

ここまで読み進めてきてくれたみなさんは、インタビューにとって最もスリリングなことはなんだと思うでしょうか。

国の大統領や総理など、権力をにぎっている人へのインタビューでしょうか。いや、めったに会うことのできない有名人に話を聞くことだと考えるかもしれません。

ぼくはこう思います。

相手の社会的地位や、有名、無名は関係ありません。インタビューで最もスリリングなのは、人の心のなかに分け入っていくことだと思います。

地球が生まれたのは四十六億年前（といってもあまりに遠い昔で想像もできませんが）、太陽との絶妙《ぜつみょう》な距離《きょり》が幸いして、生きものが暮らしていける環境《かんきょう》ができ、十万年ほど前に今の人類が誕生したともいわれています。それから絶えることなくバトンが渡《わた》され続けた結果、いまこの世にあなたが生きているのです。

ひとりの人間は何十兆にものぼる細胞《さいぼう》からでき、スーパーコンピューターをいくつ並べても脳の働きの代わりにはなりません。しかもあなたはただひとり、ほかのどの人間とも違います。あなたは世界でただひとりの存在です。

そう考えると、この瞬間、この世界に生きている誰であっても、その存在は奇跡《きせき》のようにすら思えてきませんか。

そんな人間の心のなかは、未開の地です。

『広辞苑』（岩波書店）で引いてみると、心とは「人間の精神作用のもとになるもの。また、その作用」とあり、「知識・感情・意志の総体」「思慮。おもわく」「気持。心持」「思いやり。なさけ」などと書かれています。心とは、感情のありようだけでなく、知識や知恵《ちえ》もひっくるめて人間の存在そのものといってもいいのです。

古代から人は、心というものをどう理解すればいいのか、探求を続けてきました。百五十年ほど前に生まれたインタビューも、そうした心の探求のひとつではないかと、ぼくは思っています。インタビューとは、その人の心に分け入っていくことで、その人が何者なのか、ひいては人間とはどんな存在なのか、その答えに少しでも近づこうとする試みでもあると思うのです。

人の心は深い森です。どれだけ奥まで続いているのか、誰にもわかりません。そこには豊かな水源があり、緑があり、あふれんばかりの光に満ちています。そうかと思えば闇《やみ》に覆《おお》われ、暴風雨に襲われることもあるでしょう。炎《ほのお》に包まれてしまうことだって、氷に閉ざされてしまうことだってあります。

そうした未知の森に分け入っていくのがインタビューなのです。

それは人間の素晴らしさや奥深さを目《ま》のあたりにしてワクワクした気持ちにさせてくれる反面、ときに思わぬ危険も伴《ともな》います。

アメリカにトルーマン・カポーティという作家がいました。十代のころに小説を発表して、その表現力の素晴らしさから神童と呼ばれます。『ティファニーで朝食を』という映画を観たこと、あるいは小説を読んだことがある人もいるかもしれません。彼の代表的な作品のひとつです。

その彼が実際に起きた殺人事件に興味を持って、殺人犯やその関係者にインタビューし、死刑執行《しけいしっこう》まで追い続けたことで、ノンフィクションノベルという新しいジャンルを切り開きます。『冷血』というタイトルのその作品は一世を風靡《ふうび》し、世界でベストセラーとなります。

ところが、その作品を発表してから、カポーティはもう長編小説を書けなくなります。インタビューを通して殺人犯にあまりに深くかかわったことが、彼をじわじわと蝕《むしば》んでいったようです。人間の持つ闇にまで降りていき、そこにどっぷりとつかったため、戻ってくることができなかったのかもしれません。

人間の心とは、かくも謎《なぞ》に満ちたもの。インタビューは、まさにそんな深遠な人の心に分け入る冒険なのです。

最後にものをいうのは人間力

さあ、みなさんはインタビューという冒険に出る準備はできたでしょうか。

ここまで読んでくれたことで、もしかしたらインタビューにのぞむときの心構えなどがイメージできたという人もいるかもしれません。あるいはできるだけ人を傷つけない質問の仕方など、日常に少しでも役立つコミュニケーションへの手がかりを感じてくれた人もいるかもしれません。

そのうえで、インタビューするとき、さらにいえば人に話を聞くときに、最も大事なものは何か。

これについて、最後にお話ししましょう。

あなたが総理大臣にインタビューするとします。あなたが聞き手で、総理大臣が話し手です。あなたは国民の代わりに聞くべきことを聞こうとし、総理大臣はあなたを通して国民に伝えたいことを話そうとするでしょう。

その場では、どんな上下関係になるのか。

どちらが権力を持っているかといえば、圧倒的《あっとうてき》に総理大臣でしょう。でもインタビューの場ではそんなこと関係ありません。

もちろん選挙で選ばれた国会議員のなかから、さらに選ばれてなるわけですから、総理という職種に対して敬意を払う必要はありますが、それは決して上下関係ではありません。インタビューの場に投げこまれれば、どんな場合でもひとりの人間対人間です。

最後は人間力がものをいうのです。

それが、インタビューをするうえで最も大事なものは何か、という問いへの答えです。最後は『人間力』が大事なのだと、ぼくは思います。

じゃあ、人間力ってなんでしょう。

肩書《かたがき》があるときは威張《いば》っていた人が、それがなくなったとたん、うつむき加減で歩く姿を見ることは少なくありません。でもその一方で、肩書があろうとなかろうと、変わらず自分の流儀《りゅうぎ》で生きる人もいます。

ぼくは、人間力とは『滲《にじ》みでる人間の格』のようなものだと思います。そこに肩書や家柄《いえがら》は関係ありません。それまでどう生きてきたか。それは否応《いやおう》なくその人から滲みでるものなのです。


初めて聞いたとき、耳を疑った質問があります。

「あなたは人を殺したことがありますか」

質問したのは、マイク・ウォレスという名のインタビュアー。『60ミニッツ』というアメリカの報道番組でのことでした。

質問をぶつけた相手は、マフィアのボス。

にこやかに進んでいたインタビューの場は、この質問で一瞬、凍《こお》りつきました。かすかな間があいたあと、マフィアのボスはにやりと笑いました。

「いいえ」

そしてこう言い放ったのです。

「嫌《きら》いな奴をのぞいてはね」

人を殺したことを認めたのです。

聞くほうも聞くほうなら、答えるほうも答えるほうです。

このやりとりに、ぼくは唸《うな》りました。

マイク・ウォレスは厳しい質問で恐れられたかと思うと、人懐《ひとなつ》こい笑顔で相手の懐《ふところ》にするりと入りこむ、とてもチャーミングなインタビュアーでした。

その彼が気後《きおく》れせずにマフィアのボスと向きあい、穏やかなやりとりで相手を油断させたあと、ぐさりと急所を突いたのです。

こうした質問をされたら、相手はふつう答えないか、話をそらすものです。でもマフィアのボスは逃げなかった、いや逆に言えば、マイク・ウォレスは相手を逃がさなかったのです。

さらりと「あなたは人を殺したことがありますか」と問いかけ、答えさせる。マイク・ウォレスの人間力がそれを可能にしたのだと思います。この人にはちゃんと向きあわなければいけない。そう思わせるものがマイク・ウォレスには備わっていたのです。

聞くことは賢《かしこ》くなることだと、この本の最初の章で言いました。聞く力をみがくことは、人間力を養うということ、つまり何より人間として成長することではないでしょうか。

おわりに

これまでインタビューにいろいろな角度から光をあててきました。

考えてみれば不思議なことです。ふたりの人間が向きあって問いを発し、答える。ただそれだけのことなのに、インタビューはますます多くのメディアで行われるようになっています。それだけ人間の心が、分け入るにふさわしい未開の荒野《こうや》だからなのでしょう。

聞くこと、そして話すこと。

そこに正解などありません。

だから、すでにどこかにある正解を探す必要もありません。

あなた自身で体験し、考え、自分にあう方法を見つければいいのです。

それは日常生活そのものでもあります。生きていれば、常に新しい人たちと出会い、彼《かれ》らとコミュニケーションをとらなければなりません。

あなたは知らず知らずのうちに、聞き手にもなり、話し手にもなっているのです。言い方を変えれば、あなたは日々インタビューしたり、されたりしている、と言っていいのではないでしょうか。

ほかの誰《だれ》かになる必要はありません。あなたなりのコミュニケーションのやり方を探してください。そのとき、この本が少しでもヒントになるとしたら、こんな幸せなことはありません。

さあ、まずは思いきって、問いを発してみませんか。肩《かた》の力を抜《ぬ》き、心をオープンにして。

著者紹介

松原耕二（まつばら・こうじ）

1960年、山口県生まれ。1984年TBS入社後、「筑紫哲也NEWS23」「報道特集」のディレクターなどを経て、1997年から2001年まで、夕方の報道番組「ニュースの森」のメインキャスターになる。2004年、ニューヨーク支局長として米国に赴任。帰国後の2010年から2012年まで「NEWS23X（クロス）」のメインキャスターをつとめる。現在はBS-TBS「週刊報道LIFE」のメインキャスターのほか、作家としても活躍する。著書に、小説『ここを出ろ、そして生きろ』『ハードトーク』ノンフィクション『勝者もなく、敗者もなく』コラム集『ぼくは見ておこう』がある。

14歳の世渡り術

WORLDLY WISDOM FOR 14 YEARS OLD

聞く力、話す力

インタビュー術入門

2015年11月20日　初版印刷
2015年11月30日　初版発行

著　者　松原耕二

イラスト　福田玲子
ブックデザイン　高木善彦

発行者　小野寺優
発行所　株式会社河出書房新社
〒151-0051　東京都渋谷区千駄ヶ谷2-32-2
電話　(03)3404-8611（編集）／(03)3404-1201（営業）
http://www.kawade.co.jp/

印刷　凸版印刷株式会社
製本　加藤製本株式会社

Printed in Japan
ISBN978-4-309-61699-5